Les mystères du crancelin saxon
en héraldique royale belge

F. M. J. Müllender

Les mystères du crancelin saxon en héraldique royale belge

Armoiries par Sivane SARAY

Eupen
MMXXII

Bibliographische Information
der Deutschen Nationalbibliothek
Die Deutsche Nationalbibliothek verzeichnet diese Publikation
in der Deutschen Nationalbibliographie;
detaillierte bibliographische Daten sind im Internet über
http://dnb.d-nb.de abrufbar.

© 2022 F. M. J. Müllender
D/2022/F. M . J . Müllender, *ed.*
Édition : BoD – Books on Demand, info@bod.fr
Impression : BoD – Books on Demand, In de
Tarpen 42, Norderstedt (Allemagne)
Impression à la demande
ISBN 978-3-75621627-7

Des difficultés ... exposent celui qui veut interpréter des documents figurés.
Il faut se garder de prendre 'à la lettre' toutes les représentations graphiques.

J. Pycke, *La critique historique*[1]

Vorwort

Das „Sachsenwappen" mit den Balken und dem Rautenkranz ist in der Bundesrepublik Deutschland nicht nur Historikern, die sich mit dem 1918 untergegangenen Königreich und den Herzogtümern beschäftigen, ein vertrauter Begriff.

Im öffentlichen Raume begegnet der Rautenkranz auf Bundesebene als Bestandteil der visuellen Identität zweier Länder, dem Freistaate Sachsen und dem Lande Sachsen-Anhalt, wo es im Amtsverkehr beispielsweise bei der Polizei oder der Feuerwehr vorkommt.

Im Königreiche Belgien läßt es sich nur äußerst selten antreffen. So erscheint es nirgendwo in staatlicher, provinzieller oder kommunaler Heraldik. Mit einer Ausnahme, welche die Regel bestätigt, besteht es weder im Adels- noch im bürgerlichen Stande. Ausgerechnet beim herausragendsten Vertreter des Adeltums, dem Königshause, war es seit dem ersten Weltkriege außer Gebrauch gefallen. Daher ist es nur zu verständlich, daß weder in der breiten Bevölkerung noch unter den hiesigen Wappenkundlern Kenntnisse des Rautenkranzes vorherrschen.

Als ein deutschsprachiges Bindeglied zu unseren belgischen Mitbürgern war es unser Bestreben, die ergiebigen Schriftquellen und Zeugnisse aus der fremden Sprache zugänglich zu machen. Wir hoffen, zum besseren Verständnis des heraldischen Denkmals, das dank des königlichen Erlasses von 2019 seinen angestammten Platz im Wappen des Königshaueses zurückgefunden hat, beizutragen.

Préambule

En république fédérale d'Allemagne, le „blason de Saxe"
aux fasces et au crancelin n'est nullement connu que par
les historiens qui traitent du royaume disparu en 1918 et
des principautés.

Au niveau fédéral, le crancelin se rencontre dans l'espace
public comme faisant partie de l'identité visuelle de deux
länder, la Saxe et la Saxe-Anhalt, où il apparaît par exemple
dans la communication officielle de la police et des services
de secours.

Au royaume de Belgique, il ne s'aperçoit que très rarement.
On ne le discerne nulle part en héraldique d'État,
provinciale ou communale. A une exception près qui
confirme la règle, il n'existe ni dans l'état noble ni
bourgeois. Précisément auprès du plus haut représentant
de la noblesse, la maison royale, il était tombé en
désuétude depuis la Grande guerre. De ce fait, il est tout à
fait compréhensible que le grand public et les héraldistes
nationaux n'ont généralement pas connaissance du
crancelin.

En tant que chaînon germanophone avec nos concitoyens
belges, notre objectif a été de rendre accessibles les riches
sources et témoignages rédigés en langue étrangère. Nous
espérons pouvoir contribuer à une meilleure

compréhension de ce monument héraldique qui, grâce à un arrêté royal de 2019, a retrouvé sa place séculaire dans les armoiries de la famille royale.

$\mathfrak{Introduction}$[^I]

Dans leurs armoiries personnelles, nos premiers rois – LL. MM. Léopold Ier, Léopold II et Albert Ier – portèrent également un écu de Saxe : *burellé (sic !) d'or et de sable de dix pièces, au crancelin ou couronne de rue de sinople, brochant en bande sur le tout.*[2] Remarquons les *obiits* royaux dans l'église de la « paroisse royale » de Saint-Jacques sur Coudenberg à Bruxelles. Cet usage prit fin durant la Grande guerre, en même temps que l'abandon, *de facto* mais non *de jure*, des titres saxons[II] à cause de l'agression de la Belgique neutre par l'empire allemand, dont la Saxe fit partie fédérée.[3] Jusques alors, non seulement nos rois, mais également les princes et princesses – de Louis-Philippe à Marie-José – furent ducs et princes saxons.[4]

Parallèlement, le Royaume-Uni déchut en 1919 le duc de Saxe-Cobourg-Gotha, le prince héritier de Hanovre et son fils le duc de Brunswick, ainsi que le comte de Taaffe – pourtant issu d'une famille irlandaise – de leurs titres britanniques pour avoir porté les armes contre lui. La

[^I]: La présente publication constitue l'édition intégrale de cette étude, dont un extrait fut publié dans « Le Parchemin », n° 456, OGHB, Bruxelles, 2021
[^II]: Duc en Saxe, prince de Saxe-Cobourg-Gotha, ainsi que landgrave de Thuringe, duc de Clèves, margrave de Misnie, duc de Juliers, Berg, Westphalie etc., ces derniers titres jamais portés en Belgique

Maison royale elle-même opta pour un changement patronymique.[5]

C'est à d'autant plus forte raison que l'arrêté royal du 12 juillet 2019 déterminant les armoiries de la Maison royale et de ses membres[6] doit être considéré comme remarquable puisqu'il réintroduit officiellement l'écusson de Saxe dans la pratique héraldique royale belge : *burelé d'or et de sable de dix pièces, au crancelin de sinople, brochant en bande sur le tout.* Après exactement un siècle d'ignorance, cette absence réparée risque pourtant d'étonner plus d'un de nos contemporains, n'ayant jamais connu ces armoiries anciennes. Il paraît ainsi utile d'apporter quelques éclaircissements à ce sujet.

Dans le présent papier, nous étudierons les origines des armoiries saxonnes que nous replacerons dans leur contexte historique et géographique avant leur importation en notre royaume, en 1831. Nous tenterons de faire la part des légendes héraldiques et présenterons des armes parentes en Belgique, en Europe et bien au-delà. En effet, il nous importe de placer l'étude de cette figure héraldique dans un cadre dépassant le contexte strictement saxon.

Nous dédions ces quelques lignes à la mémoire de feu Roger Harmignies AIH (1922-2017), précurseur en héraldique royale belge, qui nous fit l'honneur d'assister, avec son épouse, à la présentation de notre livre « De scutis ænigmatis sanctis Felicis », en 2007.

La Saxe en Belgique

Étant donné le mariage[III] [7] de S. A. Léopold, prince de Saxe-Cobourg-Saalfeld, duc en Saxe, avec S. A. R. Charlotte-Auguste, princesse de Galles, ce premier, étant devenu veuf, écartela en 1818 ses armes pleines puis simplifiées (de Saxe uniquement) avec celles du Royaume-Uni de Grande-Bretagne et d'Irlande (version de 1816 modifiée),[8] [IV] puisque son épouse fut appelée à accéder au trône. Par la même occasion, Léopold fut titré d'altesse royale.

Précisons que la même année 1818, l'écu de Saxe fut également introduit en héraldique britannique par le double mariage du futur roi Guillaume IV (1765-1837) avec Adélaïde, née princesse de Saxe-Meiningen (1792-1849), ainsi que de son frère Édouard Auguste (1767-1820) avec Victoire de Saxe-Cobourg-Saalfeld (1786-1861, sœur de Léopold).[9] Mais ce fut surtout le prince consort Albert, né prince de Saxe-Cobourg-Saalfeld, duc

---

[III] La création de duc de Kendal – auld grey town du comté de Cumbria – pour le prince Léopold, annoncée par un quotidien local, ne fut jamais suivie d'effets et resta donc lettre morte.

[IV] Écartelé d'Angleterre, d'Écosse, d'Irlande et d'Angleterre, à l'écu de Hanovre (sans écusson de la couronne de Charlemagne et non timbré) en abîme, et au lambel d'argent à cinq pendants, celui du centre chargé d'une rose de gueules, brochant sur le tout

en Saxe (1819-1861, neveu de Léopold), qui popularisa les armes saxonnes en Grande-Bretagne.[10]

Élu roi des Belges et entre-temps (1826) nommé Saxe-Cobourg-Gotha,[11] Léopold Ier chargea, dans un premier stade, ses armoiries britanniques d'un écu de Belgique en abîme.[12] [13] Ce fut donc par sa prestation de serment, le 21 juillet 1831, sur les marches de Saint-Jacques sur Coudenberg, que les armes de Saxe au crancelin firent leur entrée dans la Dynastie belge.

Durant les premières années de son règne, l'héraldique personnelle du Roi ne fut point sa préoccupation principale, ce qui se comprend au vu des importants défis sur les plans intérieur et extérieur que le jeune état dut relever.

Armoiries du roi Léopold Ier

Lorsqu'il s'agit, en 1858, de déterminer un pavillon royal, l'ordre fut inversé et le lion belge porta dorénavant sur l'épaule un écusson écartelé aux armes du Royaume-Uni et de Saxe, comme l'exhibe son *obiit* à Saint-Jacques sur Coudenberg.[14] Ce procédé se fut toutefois déjà insinué quelques années plus tôt de façon officieuse.[15]

Par analogie, S. A. R. Philippe, son fils puîné auquel il concéda le titre personnel de comte de Flandre en 1840, porta d'abord de Flandre à l'écu écartelé de Grande-Bretagne et de Saxe avant d'adopter de Belgique audit écusson et au lambel de gueules.[16]

Quinze ans après le décès de son père, Léopold II réglementa les armoiries du Roi et celles des princes et princesses de la Maison royale, dont le comte de Flandre. En 1880, en effet, il abandonna les armes britanniques concédées à feu son père – *ad personam*, il est vrai[17] – et ne conserva que les armes-souche de Saxe sur l'épaule du lion, comme il se voit encore à Saint-Jacques sur Coudenberg.[18]

Si l'arrêté royal de 1910 du roi Albert maintint les dispositions de son auguste oncle en vigueur, en 1921 toutefois, il ne fut plus question de l'écu de Saxe, devenue ennemie, dans le pavillon personnel des membres de la famille royale.[19]

Compte tenu de la longue présence des armes saxonnes dans l'héraldique royale belge, il paraît justifié d'y s'intéresser de plus près. Ces armes se blasonnent comme suit : *fascé de sable et d'or, au crancelin brochant de sinople, posé en bande*. Mais ces armoiries, si simples en apparence, constituent le point de départ de bien de questions !

Un premier aperçu

Pour débuter par les couleurs utilisées, le sable et l'or, elles sont restées stables tout au long de l'existence de ces armoiries, depuis ses origines jusqu'à nos jours, car elles sont toujours bien vivantes dans les espaces privé et public. Un émail et un métal incarnent pratiquement le minimum dans la constitution d'armoiries, garantie d'une bonne héraldique. Ces couleurs sont d'un bel effet signalétique, à tel point que l'on retrouve justement ce fascé sur les feux de circulation routière en région flamande et, en bande, sur du ruban de signalisation et de balisage. Du règne animal nous viennent les guêpes, frelons, serpents et salamandres tachetées qui nous avertissent de leur dangerosité par un bandé de jaune et noir – *noli me tangere !*

Les choses sont moins claires pour le fascé, comme cela est souvent le cas pour cette partition. À titre d'exemple, on peut citer les armoiries du Luxembourg. Le nombre de pièces varie selon les représentations historiques, allant jusqu'au burelé.[20] Aussi, l'ordre des couleurs était-il fluctuant, avec un sable-or traditionnel et or-sable pour la province prussienne. [21] Il doit en être retenu qu'à l'origine, il devait s'agir d'un simple fascé sans précision, avant que cela ne soit fixé de façon définitive des siècles plus tard.[22]

Il semblerait également que, d'une façon générale, les toutes premières armoiries n'eussent consisté que de partitions, rebattements et pièces honorables, avant d'être peuplées de meubles et figures. D'après le P. Claude-François Menestrier S. J. (1631-1705), *les armes les plus nobles sont celles, qui n'ont rien du ciel et de la terre, c'est-à-dire qui ne sont ny des représentations des choses naturelles ny des images artificielles.*[23]

Mais là où les choses se corsent, c'est autour du crancelin. Quelle est donc cette pièce ?

Crancelin, qui es-tu ?

Une première définition le caractérise comme couronne posée en bande,[24] qui serait donc suspendue, ce qui est contredit par toute représentation graphique, où le crancelin touche toujours les angles opposés supérieur et inférieur.[25] Ensuite, de quelle couronne s'agirait-il ? De chevalier, baron, vicomte, comte, duc (thèse effectivement soutenue par Böhme[26]), prince, roi ou empereur ? Enfin, de quelle époque, ancienne ou moderne, et de quelle origine géographique (Espagne, Belgique, Saint-Empire …) serait-elle ? Les auteurs qui spécifient *section de couronne ducale posée en bande … mouvant[e], à chaque extrémité, des bords de l'écu*[27] ou *montée de couronne aplatie et posée en bande,*[28] *couronne basse, fleurée de petites feuilles d'ache,*[V] [29] *portion,*[30] *section*[31] ou *demi-couronne à fleurons, ornée de pierreries*[32] n'apportent pas d'éléments satisfaisants.[33] Ces blasonnements nous paraissent alambiqués. De plus, il est des crancelins posés en barre.[34]

D'un rapide recensement, il ressort des crancelins d'aucuns droits, d'autres courbés probablement dû à l'umbo, et encore ceux en forme de S.[35]

[V] Plantes de la famille des *apiaceae*, dont les *helosciadium* et la bien connue *apium graveolens* (vrai céleri)

Quelle est la signification du terme « crancelin » ?
Assez étonnamment, aussi bien le « Robert » que le
« Dictionnaire historique de la langue française » restent
muet à ce sujet.[36] Et pour cause, puisqu'il s'agit d'une
francisation du « Kränzlein » allemand,[37] dérivé du
« krenzelin » moyen-haut-allemand (disparu avec les
Hohenstaufen vers 1250), désignant une petite couronne
(lat. *corolla*).[38] Or, il est important de préciser qu'il ne
s'agit pas du « cercle de métal qu'on met autour de la
tête comme insigne d'autorité, de dignité, de noblesse »
qui, lui, provient du lat. *corona*, mais bien du *cercle de
fleurs, de feuillages, qu'on met autour de la tête comme
ornement, comme parure ou comme marque d'honneur* dans
le sens de *guirlande*.[39] Voilà pourquoi l'héraldiste D[r] jur.
Walter Leonhard (1912-1988)[40] rangea le crancelin parmi
les plantes, de même que Hugo G. Ströhl (1851-1919)[41] et
Philippe J. Spener (1635-1705)[42] bien avant lui.

Mais de quelle plante est donc constitué le crancelin ?
Une fois encore, la réponse est à chercher dans les

langues germaniques, où il est nommé « Rutenkranz » ou « Rautenkranz ».

Le premier terme, « Rute » (lat. *virga*), désigne au sens propre une partie semblable à un tronc ou une branche d'une plante.[43] C'est la verge (baguette) de la langue française.[44] Il pourrait, en principe, se concevoir une couronne (guirlande) de verges, mais cela n'en est pas la destination, et n'en évoquons même pas les sens technique et anatomique et ce que cela pourrait représenter comme couvre-chef.

Il semble clair que « Rute » est un estropiement du second terme, « Raute » (lat. *ruta*),[45] *in casu* non dans le sens de losange, mais de plante dicotylédone, herbacée, vivace.[46] C'est la rue des Français. Les *rutaceae*, de la famille des *terebinthales*, contiennent des huiles essentielles qui les rendent odorantes et expliquent leur utilisation comme plantes médicinales, autrefois considérées antivénéneuses, et pour asperger de l'eau bénite.[47] L'espèce principale est *citrus* avec ses fruits du sud.[48]

Le crancelin des armes saxonnes serait donc une couronne de rue (lat. *corolla rutacea*).[49]

On en veut pour preuve qu'en 1181, lorsque le titre de duc de Saxe passa du Guelfe Henri III le Lion (1129-1195) à Bernard d'Ascanie,[50] l'empereur Frédéric Ier Barberousse (1122-1190) déposa la couronne de rue qu'il arbora pour se protéger de la chaleur estivale et l'accrocha à l'écu de Bernard, qui l'intégra dans ses armes en souvenir de son investiture.[51] Jusqu'alors, Bernard aurait porté un simple fascé de sable et d'or.[52]

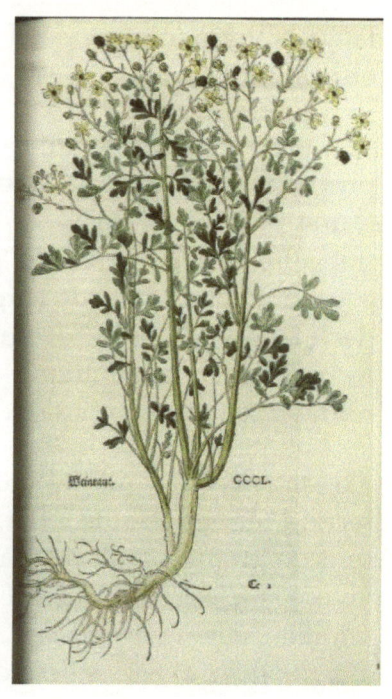

D'autres auteurs considèrent le crancelin, couronne de rue, comme étant le chapelet virginal offert au duc Bernard par sa maîtresse vénitienne, fille du riche commerçant auprès duquel il aurait trouvé logis.[53]

Signalons enfin, toujours dans le royaume végétal, cette opinion que le crancelin représenterait la couronne d'épines de Notre-Seigneur J.-C. parce que les Saxe auraient été de bons chrétiens ;[54] ou encore un ruban qui

24

sert à tenir les cheveux des femmes en état,[55] et finalement la coiffe avec laquelle Bernard aurait été investi.[56]

Si ces contes pittoresques sont bien sûr à renvoyer au pays merveilleux des légendes héraldiques,[VI] [57] il y a tout lieu de s'intéresser au fond de vérité sous-tendant ces traditions maintes fois répétées.[58] Qui fut donc ce Bernard ?

[VI] La destitution d'Henri eut lieu à la diète de Wurzbourg, le 13 janvier 1180, et l'investiture de Bernard à la *diæta imperii* de Gelnhausen, le 2 avril suivant, époques peu propices à la canicule ; l'épisode vénitienne serait à attribuer à un comte autrichien de Ringelheim.

Bernard de Saxe
et son ascendance

Il naquit en 1140 en tant que septième et ultime fils d'Adalbert l'Ours († 1170), troisième comte d'Ascanie, comte de Ballenstedt,[VII] [59] brièvement duc de Saxe (1138-1142), prince et margrave de Lusace (1123-1128), fondateur et premier margrave de la marche de Brandebourg,[VIII] [60] colonisateur de l'est sur les Slaves.[61] [62] Cette famille fit remonter son origine à l'Ascagne des Grecs,[63] fils d'Énée et de Créuse, petit-fils d'Anchise et d'Aphrodite, de Priam et d'Hécube, parti à la recherche d'un nouvel établissement.[64] En fait, les ancêtres d'Adalbert l'Ours, s'ils sont bien de souche alémanique-franconienne, se seraient établis au pays de Souabe (*pagus Suevi*, vaste duché primitif, démembré après 1290),[65] au nord-est du massif du Harz, au VIe siècle.[66] Dès 1100, ils prirent le nom de leur château, Ballenstedt, et en devinrent les comtes. De plus, ayant érigé un château au lieu dit Aschersleben[IX] [67] (lat. *Ascharia*, du

---

[VII] Huit siècles plus tard, l'actuel chef de la Maison d'Ascanie, S. A. le prince Édouard d'Anhalt, duc de Saxe et comte d'Ascanie, est toujours né au château de Ballenstedt.

[VIII] Du nom d'un château slave, également dit Brennabourg ou Brendanbourg, cité dès l'an 700, situé sur une île du fleuve Havel

[IX] Actuellement ville moyenne du land de Saxe-Anhalt, RFA

patronyme Asceger),[68] le pas vers « Ascanie » fut allégrement franchi.[69]

Ruines du château d'Ascanie
Aschersleben

Lorsque sous l'humanisme du XVIe siècle, un changement de mode eut lieu et qu'il devint de bon ton de se rattacher non plus aux Grecs classiques, mais aux valeureux Germains autochtones,[70] une filiation fut découverte reliant les Ascaniens, au travers des héros germaniques si prisés, au peuple élu de l'Ancien testament.[71] C'est ainsi qu'Ashkenaz, fils de Gomère, petit-fils de Japhet, arrière-petit-fils de Noé, pareillement dit Tuisco, aurait été le premier roi des Allemands et régné 151 ans à l'époque assyrienne.[72] [X]

Les origines fabuleuses des Ascaniens ne sont pas leur apanage. Songeons aux Pallandt prétendument de sang royal polonais à l'époque de Charlemagne, aux Merode parents des rois d'Aragon,[73] aux Croÿ *consanguineus* des rois de Bohême.[74] Cela vaut pareillement pour les Habsbourg que l'on nous présenta comme les derniers descendants d'Énée.[75]

Comme le stipula le généalogiste luthérien Philippe Jacques Spener (1635-1705) : *Antiquam Saxoniae historiam tantis immixtam esse fabulis atque nugis, ut inter vera & falsa iudicare sit difficile.*[76] [XI]

Mais pourquoi tant d'affabulations ? Les raisons pertinentes sont détaillées par le professeur Dr. Michael Hecht de l'université de Munster : *À la fin du Moyen-Âge et au début des Temps Modernes, la production de tableaux généalogiques et de travaux sur commande fleurissait, parce que ceux-ci ne servirent non seulement à la légitimation et consolidation de la souveraineté territoriale en développement, mais jouèrent également un rôle essentiel lors de la mesure du rang princier. L'établissement de certaines images de l'histoire et l'argumentation avec une longue série d'ancêtres pouvaient*

[X] Cfr le tableau des nations du livre de la Genèse, chapitre 10
[XI] L'ancienne histoire de la Saxe est tellement entremêlée de fables et de bêtises qu'il est difficile de distinguer le vrai du faux.

constituer un moyen efficace d'augmenter ses chances de réussite lors de conflits d'héritage ou de préséance ainsi que sur le marché matrimonial. De ce fait, la dignité dérivée du passé pouvait être transformée en puissance et capital économique. Dans l'entourage de la cour, la représentation des ancêtres princiers se fit autant par l'historiographie que des mises en scène artistiques et des actes de performance.[77]

À cet endroit, il est utile de préciser que le nom de Saxe recouvrit, au fil des siècles, différents territoires et fluctua entre différentes réalités. Le vaste duché de Saxe d'origine se situa, au Xe siècle, au sud du Danemark, avec les marches contre les Slaves à l'est (marches des Billung, du nord, de la Lusace, de Misnie), Thuringe et Franconie au sud, Basse-Lorraine et Frise à l'ouest.[78]

Les Marches de l'est
avant l'an mil

Bernard d'Ascanie
Duc de Saxe

La chute d'Henri le Lion, destitué pour avoir refusé le soutien à l'empereur, amena le démembrement de ses terres et la dénomination de Saxe se limita dorénavant aux berges sorabes et wendes de l'Elbe et de la Saale.[79] *Pour un millénaire, les territoires saxons ne se confondirent jamais avec une unité naturelle quelconque, mais furent toujours des formations arbitraires, résultantes des coïncidences du combat des forces politiques, dont l'étendue dans l'espace fut soumise à de fortes variations.*[80]

Descendance et imagerie

Du point de vue héraldique, les armes primitives des Ascaniens ne nous sont pas revenues. Les comtes de Ballenstedt portèrent un fascé de sable et d'or, les seigneurs d'Aschersleben un échiqueté de sable et d'argent,[81] les margraves de Brandebourg d'argent à l'aigle de gueules, probablement empruntée à l'aigle impériale de sable sur or[82] et plus détaillée au fil des siècles.

Othon de Ballenstedt eut de sa femme, Eilika, fille de Magnus Billung, un fils haut en couleurs, Adalbert *dictus* l'Ours (1123-1170). Ce surnom, réminiscence totémique du seigneur des forêts germaniques,[83] [XII] [84] lui vint de sa puissance, ne fut-il pas duc de Saxe, comte de

---

[XII] Et nous devons, par souci de concision, ici passer sous silence la fabuleuse origine commune avec les Orsini romains, ainsi que tout le pan historique des Beringer et Bernbourg.

Ballenstedt et d'Orlamunde, premier margrave de Brandebourg et margrave de Lusace ?[85] Un sceau de 1155 le montre en pied, armé, casqué, muni de son fanion, de son épée et de son écu frappé de ferrures en forme de croix recerclée. [86] Un second sceau reprend le même programme pictural.[87] Nul blason héraldique ici.

Alors que Brandebourg à l'aigle de gueules passa à son fils Othon, dont la lignée d'éteignit en 1317, Orlamunde échut à son autre fils, Herman († 1176, ét. 1467).

Le comte Bernard III de Ballenstedt et d'Anhalt,[88] dont question *supra*, recueillit donc en 1180 le duché de Saxe.[89] On lui connaît comme armes un burelé sans plus, notamment sur un bractéate de la monnaie de Wittemberg.[90] Nul crancelin ici.[91]

Henri († 1218), fils de Bernard, hérita de l'Anhalt. Neveu du margrave Othon de Brandebourg, il combina les armes de ce puissant domaine familial avec celles de Saxe, *id est* du comté de Ballenstedt, introduit en ce duché par son père. Il porta donc *parti, d'argent à la demi-aigle de gueules, et au burelé d'or sur sable*.[92] Ces armes sont encore bien vivantes et portées par la Maison des princes d'Anhalt toujours fleurissante.[93]

Othon de Ballenstedt
oo Eilika, fille de Magnus Billung

Albert l'Ours, duc de Saxe,
comte de Ballenstedt et d'Orlamunde,
Ier Margrave de Brandebourg,
Mgr de Lusace † 1170

Othon Ier
margrave de
Brandebourg
† 1184

Herman Ier
comte
d'Orlamunde
† 1176

Siegfried
archevêque
de Brême

Henri
prévôt

Adalbert
comte de
Ballenstedt et
d'Aschersleben
† 1171

Thierry

Bernard III
comte de
Ballenstedt
et d'Anhalt,
Ier duc de Saxe
† 1212

Margraves de
Brandebourg
† 1317

Comtes
d'Orlamunde
† 1467

Ducs
de Saxe
† 1422

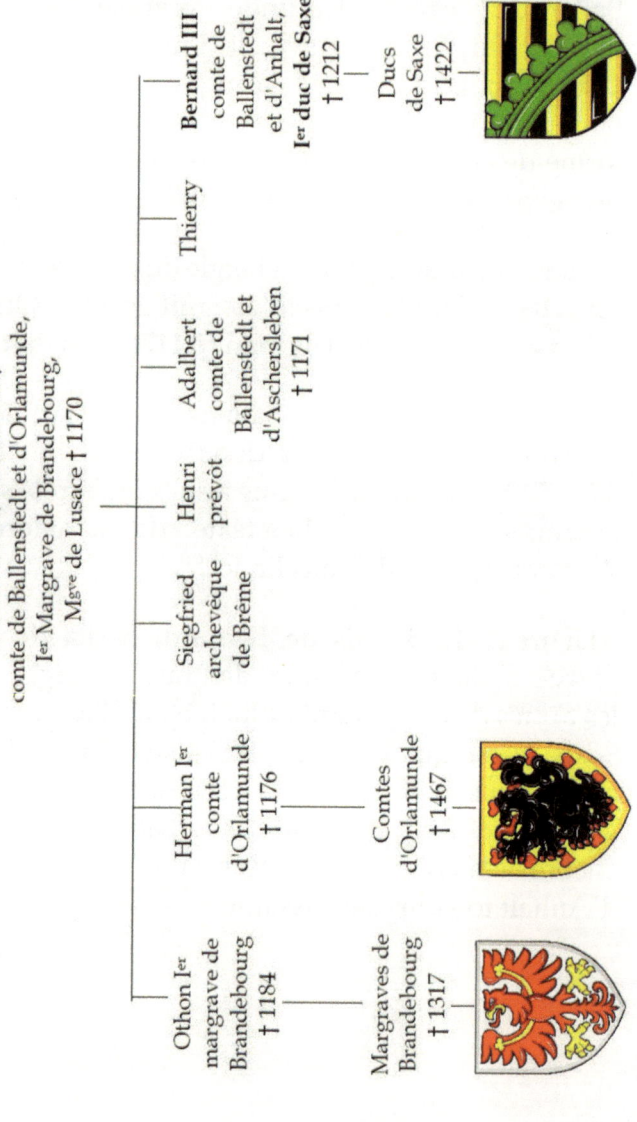

Château de Ballenstedt

Albert Ier († 1261), frère puîné d'Henri précité, chargea les armes familiales d'un trait oblique (traverse, barre diminuée) sur le tout. Tel le montre un sceau de 1227, dont Hönn n'eut connaissance.[94]

Après son décès, un partage eut lieu entre ses fils Jean et Albert (II). Le premier fonda la lignée de Saxe-Lauenbourg (ét. 1689), le second celle de Saxe-Wittemberg (ét. 1422).[95] Tous deux portèrent les armes de leur père à la traverse sur le tout.[96] Néanmoins, la sigillographie des frères commence, à la fin du XIIIe siècle, à présenter la traverse ornée de pointes ou croisettes.[97] Ce détail se constate dans le *Sachsenspiegel* de Heidelberg, f° 22r, datant de vers l'an 1300.[98] Aussi, en 1301, la veuve d'Albert II, et ses fils Rodolphe et Albert (évêque de Passau) en 1323, laissèrent-ils prendre son envol à l'aigle brandebourgeoise, désormais parente trop lointaine. Ils se rabattirent sur le burelé seul.[99]

Tandis que des preuves sphragistiques de 1325, 1329 et 1336 de Rodolphe Ier de Saxe-Wittemberg exposent toujours le burelé à la traverse,[100] la version d'Oldenbourg du *Sachsenspiegel* de 1336 comporte une illustration des armoiries saxonnes à la cotice ornée de quartefeuilles – simple fantaisie du dessinateur ?[101]

Armoiries de Saxe (1340)

Le rôle d'armes de Zurich, datant des environs de 1340, prouve que les développements opérés en Saxe ne se surent pas universellement, puisqu'il comporte toujours la version au simple parti du duc Henri, désuète depuis un siècle, vierge de tout crancelin.[102]

Un sceau de 1370 du duc Rodolphe II ainsi que d'autres de lui et de son jeune frère et successeur, le duc Wenceslas, présentent le trait oblique cette fois sous forme de cotice.[103] Alors que le f° 36 de l'armorial de Gelre des environs de 1394 continue de mentionner les armes d'Anhalt, branche aînée détachée vers 1212, comme parties à l'aigle et au burelé plain, l'électorat de Saxe-Wittemberg est représenté par un burelé à la bande fleurée.[104]

Alors qu'en 1423 et confirmation donnée en 1425, le roi des Romains Sigismond de Luxembourg, en méconnaissance du droit d'aînesse de la branche de Saxe-Lauenbourg, transporta le duché de Saxe au margrave de Misnie, Frédéric Ier le Belliqueux (1370-1428) de la Maison de Wettin,[105] celui-ci abandonna ses armes familiales aux pals (en fait, reprises aux Landsberg[106]) au profit du burelé or-sable à la bande fleurée de sinople désormais immuable.[107] En effet, la bibliothèque nationale autrichienne à Vienne en conserve une représentation de 1473,[108] et comme une pièce de monnaie des Wettin de 1475 vient le confirmer.[109] Les armoriaux de la Toison d'Or de 1435 (f° 4)[110] et de Grünenberg de 1483 (f° IIII, XLIIIIb)[111] affichent également une bande fleurée bien développée.[112]

Bernard
Ier duc de Saxe
† 1212

Henri Ier pce d'Anhalt † 1218	**Albert Ier** duc de Saxe † 1261	Jean prévôt

Princes
d'Anhalt

Jean Ier duc
de Saxe-Lauenbourg
† 1285

Albert II duc
de Saxe-Wittenberg
† 1298

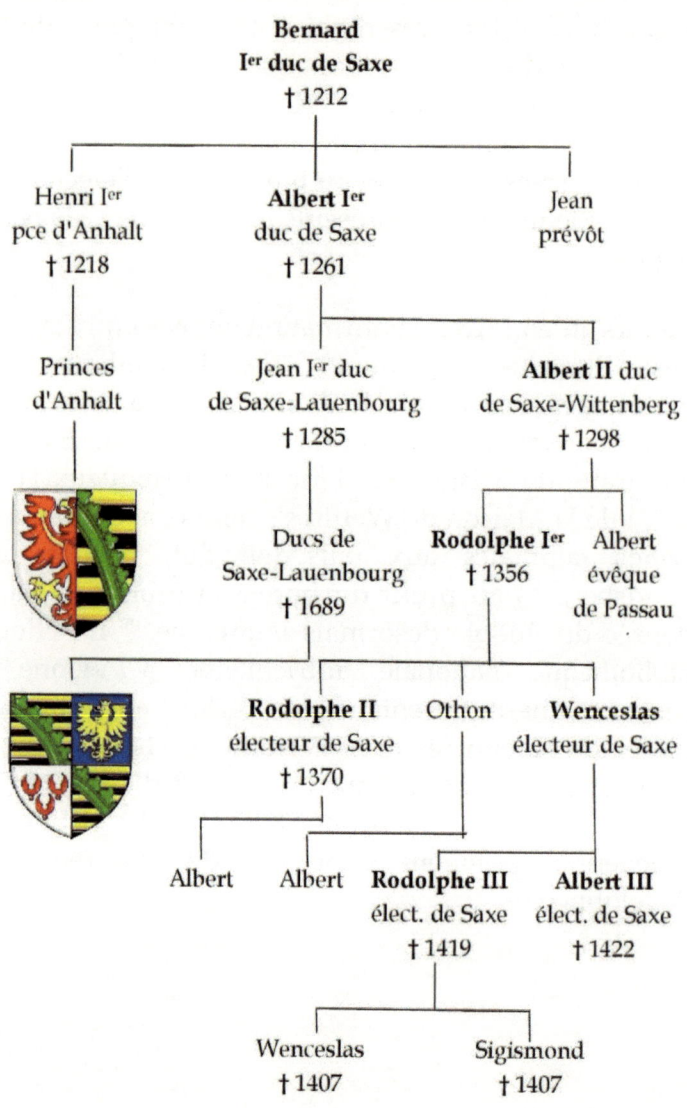

Ducs de
Saxe-Lauenbourg
† 1689

Rodolphe Ier
† 1356

Albert
évêque
de Passau

Rodolphe II
électeur de Saxe
† 1370

Othon

Wenceslas
électeur de Saxe

Albert   Albert   **Rodolphe III**
élect. de Saxe
† 1419

Albert III
élect. de Saxe
† 1422

Wenceslas
† 1407

Sigismond
† 1407

38

En résumé, nous pouvons retenir de cette esquisse qu'après les temps pré-héraldiques, les ducs de Saxe de la Maison d'Ascanie portèrent les armes burelées d'or et de sable des comtes de Ballenstedt ; qu'ils les partirent de Brandebourg à l'aigle ; qu'ils les chargèrent d'une traverse ; qu'ils abandonnèrent l'aigle ; que la traverse se mua en cotice ; que celle-ci fut de plus en plus décorée ; que les successeurs totalement étrangers aux Ascaniens reprirent ces armes qui se transmirent jusques à nos jours.[113]

Une démystification

À ce point, apportons quelques précisions.

Que les armes familiales d'un potentat se transmettent à sa dignité *sive* à sa terre n'est pas cas unique. Songeons par exemple aux ducs de Brabant, dont les armes au lion se transmirent, avec le titre, aux ducs de Bourgogne, aux Habsbourg, puis à la province, et finalement à l'État belge.[114]

Des exemples d'abandon complet d'armoiries familiales originales et leur remplacement par d'autres parfaitement allochtones sont également connus. Ne citons ici que les comtes du Hainaut qui, à la suite d'événements dynastiques, renoncèrent à leur chevronné pour les armes écartelées de Flandre et d'Hollande ;[115] les comtes de Limbourg-sur-Lenne qui cédèrent la rose d'Altena au profit du lion limbourgeois,[116] suivant en cela l'exemple des comtes de Berg qui sacrifièrent en 1225 leurs fasces bretessées et contre-bretessées ;[117] Conrard Schetz au corbeau relevant nom et armes d'Ursel en 1617 ;[118] la descendance de Jean de Ligne devenue Arenberg aux fleurs de néflier,[119] les Zuylen, La Leck, Pallandt, tous titrés successivement seigneurs puis comtes de Culemborg au port de ces armes.[120]

Nous constatons que la traverse primitive des Saxe se transforma en cotice, ce qui n'est pas anodin compte tenu des règles sévères qui régissent l'art héraldique. Toutefois, bande ou barre « ne jouait aucun rôle dans l'héraldique ancienne ». [121] *En Allemagne (…) les variantes de ce genre ont été encore bien plus répandues que chez nous [en France]. On n'y a fait, pendant très longtemps, aucune différence entre la bande et la barre.*[122]

Force est également de constater qu'initialement, les monuments sphragistiques ne nous exposent qu'un trait dans sa plus simple expression, biffant le fascé : « *quos [tractus] cancellat unus tractus veniens de superiori cornu dextro ipsius clipei* », disent les auteurs anciens.[123] Et, évoquant un sceau saxon de 1386 : *eynen Schilt … mit strichin di twere, und mit eym andirn do uber her.*[124] [XIII]

Il résulte de tout ceci qu'il ne s'agit que d'un élémentaire rajout, comme il s'en rencontre fréquemment.[125] En d'autres termes, il s'agit d'une brisure servant à distinguer plusieurs lignées.[126] Cette façon de faire s'aperçoit entre autres dans le comté de Namur, qui, depuis sa réunion au comté de Flandre en 1195, a toujours porté depuis lors les armes de Flandre brisées d'une bande ou cotice.[127]

[XIII] un écu avec des traits horizontaux et un autre par-dessus tout

Un autre principe actif entre ici en jeu : le *horror vacui*. Au fil des siècles, une forte tendance à l'ornementation s'est manifestée dans l'art héraldique. Cela se constate dans les ornements extérieurs, qui ont subi de profondes transformations selon les styles gothique, renaissance, baroque, rococo etc.[128] Remarquons les formes de l'écu, les proportions et la représentation des lambrequins.[129]

Mais cela prévaut également pour l'espace situé entre les bords de l'écu. Non seulement de grands champs résultants d'écus partis ou coupés, mais aussi des pièces honorables pouvaient être diaprées, par exemple.[130] Ces arabesques, ornements arbitraires ne formant point partie des armoiries, ont pourtant parfois été considérées comme telles par ignorance.[131] Même en nous confinant aux bandes héraldiques, pour rester dans le thème du crancelin, nous en rencontrons bon nombre de décorées, comme celle de la Basse-Alsace (de gueules à la barre d'argent côtoyée de deux cotices fleuronnées du même),[132] à rapprocher de la ville de Strasbourg qui porte d'argent à la bande de gueules, le champ diapré.[133] L'évolution ornementale est bien manifeste dans les armes du comté de Champagne qui découlent d'une brisure de celles de Blois (d'azur à la bande d'argent) par l'adjonction de cotices, elles-mêmes tardivement jumelées puis ensuite potencées et contre-potencées. Comme l'écrivit le dr. jur. Bouly de Lesdain (1867-1930), *les potences qui ornent les double cotices de Champagne, n'ont peut-être d'autre origine qu'un diapré chargeant des cotices simples.*[134]

Dans les conclusions de la contribution que fit notre compatriote, le professeur Luc Duerloo, au congrès de l'Académie internationale d'héraldique à Ottawa, il souligna les éminents services rendus au prince qui conduisirent si souvent, dans les légendes héraldiques, aux armoiries particulières.[135]

Cela étant dit et démontré, il n'en reste pas moins que souvent, la définition du crancelin reste accolée aux armoiries saxonnes, et qu'inversement, les armoiries saxonnes se voient définies par le crancelin.[136] Un raisonnement qui se mord la queue comme le serpent Ouroboros !

L'essaimage du crancelin

Il procède de l'évidence même que le crancelin brochant sur le fascé se rencontre *urbi et orbi* dans la sphère d'influence saxonne. Au fil des siècles, il eut tout le loisir de coloniser maints écus héraldiques, à commencer par ceux des différents états créés par les nombreux démembrements, partages et réunions successives des principautés saxonnes.

Ainsi, au tout début du XXe siècle, le retrouve-t-on dans les armoiries du royaume de Saxe, successeur de l'électorat ; du duché de Saxe-Altenbourg, des duchés réunis de Saxe-Cobourg-et-Gotha, du duché de Saxe-Meiningen et du grand-duché de Saxe-Weimar-Eisenach.[137] Les armes pleines de Saxe, dans lesquelles s'immisça toutefois l'étendard royal prussien, furent utilisées par ledit royaume pour sa nouvelle province de Saxe, cousue avec les membres arrachés au royaume de Saxe lors du Congrès de Vienne, en 1815.[138]

Comme effleuré supra, le duché d'Anhalt, lui aussi, porta les armes de Saxe, puisque perpétuant jusqu'à nos jours la Maison d'Ascanie.[139]

Beaucoup de villes et communes allemandes autrefois sous domination saxonne portèrent, dans leurs armoiries officielles, le burelé au crancelin.[140] Ceci se vérifie d'ailleurs encore au temps d'aujourd'hui.[141]

Revenons à présent à l'environnement familial. Du fait de ses alliances dynastiques, la Saxe héraldique s'est transportée sur de multiples théâtres. Nous n'évoquerons ici que quelques occurrences saillantes à titre d'exemple.

*

Quel nom de famille conférer à sa descendance illégitime lorsqu'on est duc de Saxe ? Dans trois cas, la réponse sonna : « Tu seras Crancelin, mon fils ! »

Au royaume de Suède des années 1590, le duc Gustave de Saxe-Lauenbourg (1570-1597), vice-vicaire du duc Charles IX à la place du roi Sigismond III Vasa, eut de sa liaison avec la fille du grand maréchal de la Cour quatre enfants auxquels il octroya le nom de Rutenkrantz.[142]

De son union avec une lavandière de son duché, le duc François-Charles de Saxe-Lauenbourg (1594-1660), cousin du précité, retint quatre fils, affectés du patronyme de Rautenkrantz, dont descendance par l'aîné toujours subsistante. De sa liaison avec une dame de la noblesse anglaise, le duc eut une fille, également nommée Rautenkrantz.[143]

Enfin, le duc François-Henri de Saxe-Lauenbourg (1604-1658), benjamin du précédent, colonel au service de la Suède, eut deux rejetons d'une femme de chambre qu'il gratifia pareillement de Rautenkrantz.[144]

Cette famille de Saxe-Lauenbourg procède du partage de la Saxe en 1296, étant la branche aînée de la Maison d'Ascanie, la cadette obtenant la Saxe-Wittemberg. Elle s'éteignit en 1689.[145]

*

À Liège, dans le chœur de la basilique mineure (1886) de Saint-Martin sur le Publémont, rive gauche de la Meuse, se remarque, à droite du maître-autel, le monument funéraire d'Éracle, évêque de Liège. La construction, effectuée en marbre noir, montre le défunt à la mitre et à la crosse, gisant dans une niche au fond polychromé avec les armes de la ville de Liège (manquent les lettres L et G, la couronne murale et les trois médailles).[146] Dans la face du piédestal, une plaque de laiton comporte un texte latin accompagné des armes de Pologne à l'aigle et de Saxe au crancelin.

En réalité, cet édifice ne date que de 1940. Il fut nouvellement érigé de toutes pièces sous l'égide du chanoine Haaken et la direction de l'architecte Camille Bourgault (1889-1962).[147] La découverte d'un dessin (vers 1635) du monument initial de 1542, dont le chef de l'évêque (dérobé en 1970) avait été utilisé comme matériel de remplissage en 1746, en permit la reconstruction. D'anciennes pièces détachées de l'épitaphe furent scellées dans un mur de la crypte.[148] Depuis le décès d'Éracle, ses restes mortels furent déplacés à plusieurs reprises endéans l'église Saint-Martin.[149]

Mais pourquoi donc les armoiries de Saxe dans un édifice religieux liégeois ? Aux termes de l'inscription latine sur la plaque de laiton de 1542, Éracle (*sive* Évrard) naquit *ducis Polensis filio e(t) Saxōiæ ducis filia*.[XIV] Déjà vers l'an 1182, le moine Renier de Saint-Laurent OSB[150] affirma d'emblée, dans sa *Vita Everacli episcopi Leodiensis* : *Egregium Leodiensis aecclesiae decus, claro Saxonum Evraclus sanguine fuit oriundus*.[XV]

À l'époque de sa naissance, vers 925, la dynastie des Piast commença à émerger parmi les Polanes slaves. Ces premiers ducs polonais entretinrent effectivement des liens avec les dynasties ottoniennes et saliennes. Parallèlement, dans la marche saxonne régnait la race des Billung.[151] Mais ces conjectures ne sont point partagées par tout le monde.[152]

[XIV] Fils d'un duc de Pologne et d'une fille d'un duc de Saxe
[XV] Honneur de la grande église de Liège, le sang d'Eracle fut clairement d'origine saxonne

Jeune, Éracle fut élevé par le Liégeois Rathier *Veronensis* († 974) à Cologne, avant d'être nommé prévôt à la collégiale des Saints Cassius et Florent de Bonn. De là, l'archevêque Brunon de Cologne, fils d'Henri Ier l'Oiseleur, duc de Saxe et roi de Germanie,[153] le plaça en 959 à la tête de l'évêché de Liège.[154]

Il entreprit la réforme des monastères et créa des écoles, faisant de Liège « l'Athènes du nord ». Éracle fonda également les églises collégiales de Saint-Paul, actuelle (1802) cathédrale, de Saint-Laurent et de Saint-Martin de Tours, où il sera inhumé.[155]

Il accompagna Brunon en 960 en expédition pour le compte du roi des Francs Lothaire, neveu de l'archevêque et fils de

Liège, collégiale Saint-Martin

Gerberge de Saxe.[156] Six ans plus tard, il suivit Othon Ier, fondateur du Saint-Empire et frère de Brunon, en Italie.[157]

À son décès intervenu en 971, après douze ans d'épiscopat,[158] son successeur ne fut nul autre que le Souabe Notger, premier prince-évêque de Liège en 980. Une rue à son nom, reliant la rue Saint-Laurent à la rue général Bertrand, maintient vivant le souvenir d'Éracle.

Si l'importance du personnage d'Éracle et de son entourage[159] transparaît bien de ces quelques lignes, l'attribution d'armoiries sur son tombeau n'en reste pas moins un anachronisme, le *de cuius* ayant vécu aux temps pré-héraldiques.[160]

*

Aux Pays-Bas, Maurice de Nassau, prince d'Orange (1567-1625), porta les armes saxonnes en abîme en l'honneur de sa mère, Anne de Saxe, fille de l'électeur Maurice de la branche albertine.[161]

*

Au grand-duché de Luxembourg, le crancelin saxon fut introduit à deux reprises par la voie du mariage. Il y eut, d'une part, l'alliance du prince Henri d'Orange-Nassau (1820-1879), lieutenant de son frère le roi Guillaume III des Pays-Bas, avec Amélie de Saxe-Weimar-Eisenach,[162] et d'autre part les noces du grand-duc Adolphe (1817-1905) avec Adélaïde d'Anhalt-Dessau.[163]

*

En France, et moins légitime, voici le comte Maurice de Saxe (1696-1750), dit *le maréchal de Saxe* au service du roi, fils adultérin de l'électeur Frédéric-Auguste Ier le Fort,[164] à ne pas confondre avec son demi-frère naturel Jean-Georges, dit *le chevalier de Saxe* (1704-1774). Tandis que le second blasonna très différemment, le premier fut autorisé au port des armes saxonnes pleines, à la différence près que le crancelin brochant fut posé en barre. À une époque où la confusion héraldique autour de l'orientation du crancelin s'était estompée au profit d'une plus grande précision et rigidité, il n'est point douteux qu'il s'agit ici d'une marque de bâtardise.[165] Un semblable procédé fut appliqué en 1801 à Joseph (1767-1802), fils issu du mariage morganatique du prince François-Xavier de Saxe, où le crancelin fut surchargé d'une fasce de sable dans ses armes personnelles.[166]

*

Et en Afrique noire, la couronne de rue se rencontra même sur les berges équatoriales du fleuve Lualaba ! En effet, à la suite de la Conférence géographique convoquée par le Roi en 1876, de la création d'une Commission internationale l'année suivante, de sa transformation en Association internationale du Congo en 1882, et après autorisation des chambres législatives, à la Conférence de Berlin, Sa Majesté prit en 1885 possession *ad personam* de l'État indépendant du Congo[167] dont les armoiries furent fixées en 1886 :

50

« d'azur à la fasce ondée d'argent, accompagnée en chef à dextre d'une étoile à cinq rais d'or, et chargée d'un écu *de sable au lion d'or, armé et lampassé de gueules, portant sur l'épaule un écusson burelé d'or et de sable de dix pièces au crancelin de sinople posé en bande.* L'écu sommé de la couronne royale d'or est supporté de deux lions léopardés au naturel. Devise : Travail et progrès. Le tout placé sur un manteau de pourpre doublé d'hermine, surmonté de la couronne royale ».[168]

Sans manteau, ces armoiries ornèrent entre autres les revers des pièces de 50 centimes, d'un, deux et cinq francs.[169]

Pièce de cinq francs, État indépendant du Congo

L'abandon, au sortir de la Grande guerre (cf. *supra*) de l'écusson saxon par la Maison royale de Belgique, fut suivie d'effet, par analogie, dans l'héraldique de la colonie du Congo belge, acquise par l'État une dizaine d'années auparavant. Toutefois, cette formule ne fut pas conforme aux textes législatifs, car en réalité, il s'agit des armes personnelles du roi Léopold II et non de celles du Royaume. Cet état de fait fut encore fustigé jusqu'en 1959, à un an de l'accession à l'indépendance.[170]

Au gré de conflits d'intérêts coloniaux entre Britanniques, Français et Égyptiens, lorsque la sphère d'influence belge s'étend jusqu'au Nil Blanc soudanais, le crancelin saxon fit une brève apparition dans des armoiries aussi éphémères que non officielles. En effet, un colonel du corps expéditionnaire belge composa un blason *d'azur au sautoir d'or cantonné de quatre étoiles d'or, chargé en abîme de l'écu personnel du Roi. L'écu timbré de la couronne royale. Supports : deux éléphants vus de face* pour les territoires nilotiques donnés en bail au roi Léopold II en 1894 et supprimés cinq ans plus tard.[171]

*

52

Nous poursuivons ce tour d'horizon international en Amérique latine avec l'empire du Brésil (1822-1889). Les quatre fils nés du mariage de la princesse Léopoldine (1847-1871), fille de l'empereur dom Pierre II, avec le prince Auguste *junior* de Saxe-Cobourg-Gotha (1845-1907), beau-frère de la princesse Louise de Belgique, portèrent de Brésil à l'écusson de Saxe sur le tout, entre une branche de caféier et une de tabac. C'est ainsi que fut donné préséance à la descendance maternelle mais impériale sur celle paternelle, princière et ducale.[172]

Un tel cas se fut déjà présenté dans la descendance de la sœur aînée de l'empereur, la reine Marie II du Portugal (1819-1853), ayant épousé en 1836 Ferdinand *junior* de Saxe-Cobourg-Gotha (1816-1885), oncle d'Auguste précité et neveu de Léopold Ier roi des Belges.[173] Ils portèrent parti de Portugal et de Saxe.

*

Fruit direct des bouleversements napoléoniens en Europe centrale, le royaume de Saxe, successeur de l'électorat, naquit en 1806. Le roi Frédéric-Auguste Ier (1750-1827), ne disposant que de l'ordre militaire de Saint-Henri (1736), songea à une décoration nouvelle accessible aux hommes d'état. C'est ainsi qu'il fonda, déjà en 1807, l'ordre de la couronne de rue (*alias* du crancelin), d'une seule classe, celle de chevalier. La décoration fut basée sur une croix de Malte et décernée 332 fois jusqu'à la chute de la monarchie en 1918, entre autres aux rois des Belges Léopold Ier, Léopold II, Albert Ier, et Philippe comte de Flandre. Voilà comment une figure héraldique fit son entrée dans le monde phaléristique ![174]

*

Un crancelin fut introduit dans les armoiries de la famille Didisheim en 1986.

Auparavant, et depuis deux ans seulement, les armes de René Didisheim (1907-1994), créé baron *motu proprio* par S. M. le roi Baudouin, furent *de sable à une tête de*

léopard accompagnée de trois pals retraits en chef, le tout d'or,
avec pour cimier (e. a.) deux demi-vols adossés fascés d'or et
de sable et pour supports deux léopards au naturel. Ce fut
donc une composition essentiellement déclinée en sable
et or.[175]

La modification d'armoiries au profit de Michel (1930-
2020), écuyer, fils aîné du premier baron, fut
accompagnée d'une nouvelle concession du titre de
baron *motu proprio*. Elle consista donc en un crancelin ou
couronne de rue de sinople, brochant en bande sur les
pals. Les demi-vols devinrent burelés d'or et de sable de
dix pièces, eux aussi au crancelin de sinople brochant.
Les têtes des supports furent ornées d'une couronne
royale d'or. [176]

Le roi Albert II, dont le baron Michel fut chef de
cabinet honoraire du temps d'avant son accession au
trône, concéda à celui-ci le titre de comte en 1996. Dans
ses armoiries, une couronne de comte vint remplacer
celle de baron.[177]

Finalement, une nouvelle modification d'armoiries
intervint sur requête en 2004. Les flancs de l'écu
devinrent burelés d'or et de sable de dix pièces et la
couronne de rue de sinople *dite crancelin de Saxe* (*sic !*)
brochante en chef sur le tout.[178]

Cette famille tirerait son patronyme de la localité de Diedesheim-sur-Neckar en Bade-Wurtemberg, à l'est d'Heidelberg.[179] En passant par le Palatinat et l'Alsace, elle se serait fixée en Belgique en 1870.[180]

Dans les armes primitives des Didisheim, celles du baron René (1984), on aperçoit dans la tête de léopard l'insigne de la brigade dite Piron, unité militaire belge qui participa à la bataille de Normandie et à la libération de la Belgique à la fin de la deuxième guerre mondiale.[181] Résistant et évadé, le baron en fut membre et en publia le récit en 1946.

Dans les trois pals d'or, on aurait pu voir le chiffre du roi Léopold III, régnant à l'époque de ces hauts faits d'armes. Cependant, ils symbolisent les grilles d'une prison pour souligner le courage et la résilience de Claire Maigret de Priches (1906-1983), épouse du baron René. Celle-ci, résistante elle aussi, fut arrêtée par la Gestapo en 1942, condamnée à mort et sauvée *in extremis* en 1945 après avoir passé trois (III) ans au camp de concentration.

Toutefois, dès l'ajout du crancelin de sinople, les armoiries du baron puis comte Michel se sont très clairement « saxisées ». Il y a là une volonté de traduire la fidélité à la Nation et la proximité avec la Maison royale à travers l'héraldique, le comte ne fut-il pas volontaire de Corée, chef de cabinet de plusieurs ministres, mis à disposition du prince de Liège, dirigeant de la Fondation roi Baudouin etc. ?[182]

L'adjonction du crancelin pour le baron Michel, en 1986, ne fut point sollicitée. Elle est à considérer comme une faveur singulière, une marque d'estime personnelle du roi Baudouin, à rapprocher des marques d'honneur concédées comme un chef au lion repris au blason de l'État, les couleurs nationales au canton, chef reproduisant le drapeau de l'ancien état du Congo ou le monogramme royal que l'on retrouve dans d'autres armories.[183]

Les armoiries Didisheim attestent de la sorte, trente-trois ans avant la parution de l'arrêté royal du 12 juillet

2019 déterminant les armoiries de la Maison royale et de ses membres, de la permanence du souvenir des origines saxonnes de la famille royale belge.[184]

*

En 2007, le Moniteur belge publia,[185] en application d'un décret de 1998 de la Communauté flamande fixant les armoiries de personnes privées et d'institutions, l'autorisation accordée à M. Benedikt J. Sas de porter des armoiries. Celles-ci sont *d'or à trois fasces de sable, à la barre d'argent brochante, chargée de trois trèfles de sinople posés dans le sens de la barre. Casque d'argent, grillé, colleté et liséré d'or, doublé et attaché de sinople. Bourrelet et lambrequins d'or et de sable. Cimier : une hure de sanglier arrachée de sable, défendue d'or.*

Le patronyme « Sas », du moyen néerlandais et moyen bas allemand Sasse, signifie « Saxon »[186] et la similitude avec les armoiries saxonnes est intentionnelle, comme l'affirme l'*armiger*.

Ce dernier enseigne la stratégie d'entreprise et le management de l'innovation aux futurs ingénieurs en biologie à l'université de Gand. Parallèlement, il dirige une distillerie au pays de Waes et trouve son inspiration dans l'étude de grimoires alchimiques. Fort à propos, il orne ses bouteilles de gin, absinthe, rhum, eau-de-vie, whisky et liqueur de ses armoiries personnelles.[187]

*

La Savoie fut un état d'entre-deux dont le dernier héritage étatique disparut en 1946 avec le roi Humbert II (1904-1983), époux de la princesse Marie-José de Belgique (1906-2001), après près d'un millénaire d'existence. Comment le crancelin saxon put-il y laisser son empreinte, à un millier de kilomètres de son berceau ?

Pour le savoir, il faut s'intéresser au duc Emmanuel-Philibert dit Tête de fer (1528-1580), fils du duc Charles III et neveu de l'empereur Charles-Quint. Son enfance fut éprouvée par l'annexion à la France de son pays, suivie de l'exil et de la mort de ses deux frères aînés, faisant de lui le successeur impromptu. Surmontant ces départs difficiles, il réussit à reconquérir ses terres et à bénéficier de la faveur impériale, qui le créa *gubernator belgii* de 1556 à 1559. Il entreprit de profondes réformes institutionnelles, religieuses et de l'enseignement. Son règne de vingt ans apporta paix, puissance et prospérité à la Savoie et on en a dit « qu'aucun duc ne fut plus fastueux ou couronné de succès ».[188]

Armoiries de Savoie

Devant un tel succès se posa la question de sa place dans l'échiquier généalogique européen. L'ancêtre fondateur des Savoie, Humbert aux mains blanches (~980-1047), fit remonter son ascendance à un sénateur romain du nom de Ferreolus, vivant en l'an 390.[189] Fut-ce un changement de mode ou l'influence de ses années passées au service des armées germaniques de l'Empire, Emmanuel Philibert arriva à la conclusion que sa Maison dut nécessairement procéder d'un important personnage historique : Widukind *olim* Wittekind.[190]

Celui-ci, cité entre 777 et 785, fut un chef de guerre saxon qui combattit les Francs sous Charlemagne.[191] Il fut glorifié comme défenseur de ses terres ancestrales contre l'envahisseur. Il y avait donc tout lieu, vers 1560, de se servir de l'héraldique saxonne pour étayer sa revendication de haute extraction. Les armoiries savoyardes, précédemment de gueules à la croix d'argent,[192] devinrent du fait écartelées Saxe-Chablais-Aoste-Saxe avec Savoie sur le tout.[193]

Le quartier saxon fut forcément emprunté à une version contemporaine, partie de Saxe ancien (Basse-Saxe) au cheval effrayé et de Saxe moderne (Haute-Saxe) au fascé au crancelin, enté en pointe d'Angrie aux feuilles de nénuphar ou bouterolles.[194]

Se non è vero, è ben trovato!

*

L'ombre du héros Widukind continua de hanter le nord-ouest italien. Ses armoiries apocryphes au crancelin saxon se découvrent dans celles des marquis de Montferrat de la maison de Paléologue, que l'héritière Marguerite apporta en 1530 aux Gonzague, ducs de Mantoue, où elles se déployèrent à nouveau. De Montferrat à Mantoue, ce pédigrée aboutit finalement chez les princes de Salm-Salm et du Saint-Empire, aussi ducs de Hoogstraeten, dont Maximilien (1732-1773) fut gouverneur de la forteresse de Luxembourg.[195]

*

Ainsi que cela se fit habituellement,[196] des familles non apparentées au seigneur en prirent pourtant les armes puisque évoluant dans leur entourage, liées par des attaches féodales.[197] En voici deux exemples tirés de l'espace saxon :

Les Maschwitz (*olim* Mischowitz), en Misnie, portèrent comme armes de fonction d'or à trois fasces de sable, à un crancelin de sinople, posé en bande, brochant sur le tout. Leurs armes familiales furent à la rencontre de bœuf. Ils s'éteignirent en 1650.[198]

Les Wegeleben (*olim* Vegelbein), en Thuringe, portèrent primitivement d'argent à la fasce de sable, subséquemment au crancelin de sinople (*sive* de gueules), en bande, brochant sur la fasce.[199]

Le deſtin des crancelins non-ſaxons

Il semblerait que le crancelin ou couronne de rue héraldique fasse preuve d'un curieux effet d'autonomie, tant il apparaît dans des armoiries sans lien connu avec celles saxonnes.

Au second quartier des grandes armoiries de la principauté de Liechtenstein, état alpin hors Union européenne mais membre de l'Espace économique européen depuis 1995,[200] se découvrent des armes pouvant être aisément confondues avec celles de Saxe mais ne comportant que huit burelles, avec l'or en chef, au crancelin de sinople posé en bande.[201]

Il s'agit là de celles des ministériaux autrichiens de Kuenring (*olim* Chuenring), cités dès 1132. Leurs armes furent d'or à cinq fasces de sable. Ils s'éteignirent en la personne de Jean VI Ladislas, l'an 1594. L'empereur Ferdinand II (1578-1637) autorisa en 1620 Charles, premier (1608) prince héréditaire de Liechtenstein, duc de Troppau en Silésie (1613), de relever les armes de Kuenring. Celles-ci furent plus tard augmentées d'un crancelin de sinople brochant.[202]

*

Dans le nord-est de la commune de Ferrières, précédemment Xhoris, arrondissement administratif de Huy, province de Liège, se niche l'élégant château de Fanson dans un écrin de verdure.[203] Il trouve son origine moyenâgeuse dans un donjon entouré de douves au centre de la seigneurie de même nom, d'une étendue d'approximativement un kilomètre carré, qui constituait un franc-alleu puis une franchise dans le comté de Logne de la principauté de Stavelot-Malmedy, à la limite du duché de Luxembourg.[204]

Orthographié également Fanchon et Fançon, l'appellation désignerait une petite fagne ou terre de la fange.[205] En effet, de menus cours d'eau s'y jettent dans le ruisseau de Boé, affluent est de l'Ourthe.

Plusieurs familles tirent leur nom de cet endroit, comme François Fanchon, curé de Mortier (cit. 1662-1665) et son frère Dieudonné (1657).[206] Il semblerait que les seigneurs originels de et à Fanchon aient quitté les lieux relativement tôt pour peupler le Condroz, la bonne ville de Huy[207] et la noble cité de Liège,[208] où on les remarque dans l'entourage des bourgmestres jurés.[209] C'est ainsi que l'on rencontre Gilles de Fanchon, fils de Gilles *senior*, échevin de Huy, en 1327 ;[210] Jean, prisonnier à la bataille de Baesweiler, en 1374 ;[211] Gérard, époux de Maroie de Logne, qui acquiert la seigneurie de Bassines-lez-Méan (principauté de Liège, quartier du Condroz) en 1381, vraisemblablement bourgmestre de Huy en 1403 ;[212] Maghine, fille dudit Gérard, possédant des biens à Abolens (Hannut), en 1416 ;[213] Louis, écuyer, demeurant à Engihoul (Ehein) ;[214] Gilles, échevin de Liège, vers 1450 ;[215] Louis, échevin de Huy[216] etc. Ladite famille trouva sa plus haute distinction en la personne de dom Nicolas de Fanson, le quarante-sixième abbé de l'abbaye bénédictine de Saint-Hubert en Ardenne. Celui-ci, natif d'Andenne, fils de Hubert et d'Agnès du Monceau,[217] gouverna de 1611 à 1652.[218] La basilique conserve son tableau et sa tombe,[219] le château d'Ochain (Clavier) préserve une borne-frontière armoriée,[220] le Musée de la vie wallonne garde une taque de foyer.[221] Encore en 1703 à Marche-en-Famenne, les armes de Fanson sont reprises dans un armorial privé.[222] La notoriété des Fanson et de leurs armoiries gagna la France et l'Allemagne.[223]

Cette famille porta : *fascé d'or et de sable de six pièces, au crancelin de gueules en bande, brochant sur le tout*, avec variantes, [224] sans qu'un quelconque lien avec la Saxe ait pu être établi.

Château de Fanson

Le franchise de Fanchon, quant à elle, fut en 1452 aux mains de Jean de Celles, seigneur de Harzé.[225] Deux siècles plus tard, on la trouve dans les mains de Godefroid de Selys, maître des forges à Dieupart voisin (prévôté de Durbuy, duché de Luxembourg),[226] dont la fille sera abbesse de Solières (Ben-Ahin).[227] Cette branche de la famille de Selys, originaire de Maestricht, se titra baron de Fanson dès 1666[228] et ajouta le nom de cette seigneurie au sien. Ils quittèrent Fanchon en 1792 et, devançant l'extinction du patronyme,[XVI] adjoignirent en 2010 le nom à la descendance Capelle-Burny.[229]

Nous croyons pouvoir rattacher à ladite famille ceux qui donnèrent leur nom à une rue de Liège, dans le nord du quartier d'Outremeuse : la rue Dos Fanchon. Elle relie le quai Godefroid Kurth au boulevard de la Constitution. Autrefois composé de plusieurs îlots de tailles variables, eux-mêmes traversés par des biefs, les Fanchon sont connus en Outremeuse dès le XVIe siècle. Leurs terres, émergeantes des eaux de la Meuse comme un grand animal, ont inspiré le blason populaire (à rapprocher du quartier liégeois du Longdoz).[230]

*

Jean-Baptiste Rietstap (1828-1891) attribue à la famille Verbrugge, de Bréda dans le Brabant septentrional, des armoiries d'or, au crancelin de sinople, posé en bande. On y trouve trace de Guillaume Henri, échevin en 1743, duquel il faut rapprocher Rutger († 1715), conseiller au Haut Conseil de Hollande, Zélande et Frise occidentale,

[XVI] Survenu en 2018 avec le décès de Madame Roland Burny, née Marie-Thérèse de Selys Fanson, à Saint-Michel-d'Halescourt, département de la Seine-Maritime, France et Jean Guillaume († 1739), conseiller au Conseil souverain du Brabant.[231]

*

Dans les pages de l'armorial de Jean Siebmacher, on discerne les armoiries des comtes de Zucker.[232] Ceux-ci, plus précisément Zuker (*olim* Cuker) von Tamfeld, furent connus à Heiligenkreuz (*alias* Újezd Svatého Kříže) en Bohême occidentale depuis le XVe siècle. Ils portèrent un fascé d'argent et de sable au crancelin de sinople brochant, posé en bande. Wenceslas Joseph, seigneur de Heiligenkreuz, Weißensulz (Bělá nad Radbuzou) et Eisendorf (Železná) fut créé baron en 1712 et comte la même année. La crypte de Sainte-Croix comporte la sépulture de la comtesse Anne Thérèse de Metternich-Winnebourg et Beilstein, née Zuker von Tamfeld. Jean Érasme, qui décéda en 1781, en fut l'ultime représentant mâle. La lignée s'éteignit en 1796 en sa fille Françoise Romane, épouse du baron Jean Joseph Koc von Dobř.[233]

*

Nous ne voyons pas, *a priori*, par quelle voie les armes de Saxe trouvèrent leur chemin dans les armoiries de Bernard de Nogaret, duc et pair de La Valette et d'Éperon (1592-1661), issu d'une famille languedocienne aujourd'hui disparue. Elles y furent en bonne compagnie, partageant l'écu avec les Castille, León, Navarre, Aragon, Sicile, Foix et Béarn. Ici aussi, nous subodorons quelque accolement non génétique.[234]

*

L'attribution d'armes fascées au crancelin à une famille Neuenbrunn (*olim* Newenbrvn), en Souabe, par Jean Siebmacher, reposerait sur une confusion.[235] Ce fut en fait le nom du château sur la Bühler près de Schwäbisch-Hall, habité par la famille de Hohenstatt, éteinte au XVe siècle.[236]

Des cousins éloignés

On pourrait à loisir poursuivre les cousins crancelins, plus ou moins proches, à travers l'Europe, mais n'épiloguons que sur quelques cas.

Évoquons ainsi la famille Elben de Hesse, qui *porte de gueules au crancelin fleurdelisé de trois pièces d'argent.*[237] En réalité, c'est *d'une bande voûtée, le bord supérieur supportant trois fleurs de lis* qu'il s'agit.[238]

Cette famille apparut au XIIIe siècle et s'éteignit en la personne de Conrad d'Elben en 1535 après avoir donné trois abbés à l'Église. Ses armes furent reprises en 1861 et 1884 par une famille poméranienne homonyme sans lien de sang.[239]

*

Les Bromflete du Yorkshire ou comté de York, en Angleterre, portèrent *de sable à la bande fleurdelisée et contre-fleurdelisée d'or.*[240]

*

À en rapprocher, les Le Mastin, originaires du Poitou, qui se targuèrent *d'argent à la bande de gueules fleurdelisée et contre-fleurdelisée de six pièces d'azur.*[241]

*

De la ville de Naples, retenons les Carafa della Spina, dont l'ultime représentant mâle, don Gregorio Carafa Cantelmo Stuart, 16ᵉ prince de Roccella et du Saint-Empire, porte *de gueules à trois fasces d'argent (Carafa), et un bâton épineux de sinople, brochant en bande sur le tout.* Le bâton est parlant, puisque l'italien « spina » signifie « épine ».[242]

*

A l'occasion de l'élévation au titre de comte autrichien des frères de Schrattenbach, barons de Heggenberg et Osterwitz, en 1649, et l'augmentation d'armoiries qui s'en suivit, un quartier *fascé de sable et d'or à la bande de sinople* fut introduit. Cette famille, qui atteignit le rang de prince du Saint-Empire en 1788, s'éteignit dans les mâles en 1816.[243]

Une conclusion

Nous constations, dans les représentations des armoiries de la Dynastie d'avant 1921, la présence d'un écusson de Saxe qui se justifiait par ses origines familiales. Après un siècle de renoncement à son utilisation, cet écusson fit son retour remarqué en 2019. Nous ressentions un manque d'explication de cette composition héraldique.

Nous apprenions que les armes saxonnes débarquèrent dans la Belgique nouvellement indépendante par La Panne, où le futur Léopold Ier posa le pied sur le sol national, en 1831, et après un périple douloureux au Royaume Uni, dont les armoiries furent écartelées avec celles de Saxe et de Belgique. Les deux successeurs au trône ne retinrent que cette dernière paire.

L'émail et le métal des armes saxonnes, de même que le fascé, n'appellent que peu de commentaires. Il en est tout autre pour le crancelin brochant, qu'une première hypothèse identifie à une couronne. L'étymologie, cependant, abonde dans le sens d'une guirlande de plante de rue, coiffée par Bernard d'Ascanie à l'occasion de son investiture comme duc de Saxe, en 1180.

Le regard sur les origines des Ascaniens est embué par des mythes fondateurs, les rattachant tantôt aux Grecs antiques, tantôt aux enfants d'Israël. Ces généalogies jouèrent un rôle important dans le monde princier duquel les Saxe firent partie, d'autant plus que leurs territoires furent constamment mouvants.

À l'avènement de l'âge héraldique, les Ascaniens adoptèrent, en tant que comtes de Ballenstedt, un fascé de sable et d'or. Celui-ci, parti vers l'an 1200 avec l'aigle de Brandebourg, se perpétua par voie d'héritage dans la Maison d'Anhalt encore perdurante, tandis que la ligne cadette barra le fascé d'un trait oblique. Peu à peu, cette traverse alla s'ornementer vers 1300. Les générations suivantes abandonnèrent l'aigle et ne conservèrent que le fascé à une bande. Lorsqu'en 1423, le duché de Saxe passa aux mains des Wettin, ceux-ci en reprirent également les armes qui, à ce jour-là, comportèrent une bande fleurée.

Nous en arrivons à la conclusion que l'actuel crancelin, *a posteriori* pris pour une couronne et explicité à base de plantes, n'est autre qu'une brisure sous la forme d'un trait de distinction devenu adulte à l'enchaînement des âges.

Il fleurit dans de nombreuses armoiries plongeant leurs racines en terre saxonne, mais également dans toute contrée où le vent de l'histoire en sema : en

Europe, Afrique et Amérique. Néanmoins, des crancelins non reliés à la Saxe s'aperçoivent çà et là, de même que des figures héraldiques similaires.[XVII]

[XVII] Je tiens particulièrement à remercier M. Helmut Herholz du Cercle numismatique de Freiberg ; M. Jean Brose, Eupen ; le Pr Dr Michael Hecht, Université de Munster ; M. Hervé Douxchamps, Schaerbeek ; Archives & musée de la littérature, Bruxelles ; comte J. C. Didisheim, Rhode-Saint-Genèse, le Pr Dr Jean-Louis Kupper, Université de Liège ; le Dr Michael Göbl, Vienne ; M. Sivane Saray, Forest

74

Table des matières

Notes

[1] J. Pycke, *La critique historique. Quel long chemin à parcourir entre le témoignage et la synthèse, Pédasup*, Académia-Érasme, Louvain-la-Neuve, 1992, p. 101

[2] Le roi Léopold II, arrêté royal du 13 juillet 1880 ; P. Janssens, L. Duerloo, *Armorial de la noblesse belge du XVᵉ au XXᵉ siècle*, t. A-E, Crédit communal de Belgique, Bruxelles, 1992, p. 106

[3] R. Harmignies, *Les titres des membres de la maison royale de Belgique*, in: *Recueil de l'OGHB*, t. VI, Tradition et vie, Bruxelles, 1957, p. 64 ; R. Harmignies, *Le blason saxon dans les armoiries royales de Belgique (1832-1921)*, in: *Archivum heraldicum*, bulletin 4 1957-1959, Société suisse d'héraldique, Lausanne, 1959, p. 54 ; R. Harmignies, *L'identité civile et héraldique des princes de la Maison royale de Belgique*, in: S. Italia, *L'identità genealogica e araldica. XXIII congresso internazionale di scienze genealogica e araldica*, t. II, Ministère de la culture, Rome, 2000, p. 605

[4] *Almanach de Gotha. Annuaire généalogique, diplomatique et statistique*, Justus Perthes, Gotha, 1914, p. 18 ; L. Gourdet, *Inventaire des blasons de la province du Luxembourg d'après les sources monumentales*, Duculot, Gembloux, 1960, p. 21

[5] F. Haarmann, *Das Haus Sachsen-Coburg und Gotha*, Deutsche Fürstenhäuser, t. 21, Börde, Werl, 2006, p. 16; *Almanach de Gotha*, op. cit., 1914, p. 91; *Titles deprivation act 1917*; H. G. Ströhl, *Deutsche Wappenrolle enthaltend alle Wappen, Standarten, Flaggen, Landesfarben und Kokarden des deutschen Reiches, seiner Bundesstaaten und regierenden Dynastieen*, Julius Hoffmann, Stuttgart, 1897, p. 53-54; M. Van de Cruys, *De nieuwe wapens van de koning. Enige bedenkingen bij het KB van 12 juli 2019*, Homunculus, Wijnegem, 2019, p. 26-27 ; H. Douxchamps, *Léopold Iᵉʳ et le prédicat d'altesse royale pour le duc régnant de Saxe-Cobourg-Gotha*, in: *Le Parchemin*, n° 272, OGHB, Bruxelles, 1991, p. 80

[6] Moniteur Belge, n° 163, 2ᵉ édition, Bruxelles, 19 juillet 2019, p. 72.666-72.678 (dessins erronés en plusieurs points) ; M. Van de Cruys, *De nieuwe wapens van de koning (1)*, in: *Heraldicum disputationes*, n° 3, Homunculus, Wijnegem, 2019, p. 61-66 ; C. de Moreau de Gerbehaye, courrier électronique du 02/12/2019

[7] R. Harmignies, *Héraldique de la Maison royale de Belgique*, in : *Recueil de l'OGHB*, t. V, Tradition et vie, Bruxelles, 1956, p. 84 ; F. R. Velde, *alt.talk.royalty*, in: *Google groups*, 19/10/2001 ; J. Chambers, *Charlotte & Leopold. The true romance of the prince regent's daughter*, Old street publishing, Londres, 2007

[8] R. Harmignies, *Le blason saxon*, *op. cit.*, p. 53 ; B. Peter, *Galerie: Photos schöner alter Wappen Nr. 1723. Brügge (Belgien, Provinz Westflandern). Brügge, Stadhuis (Rathaus), Teil 4*, in: http://www.welt-der-wappen.de/Heraldik/Galerien2/galerie1723.htm (16/05/2018); A. C. Fox-Davies, *A complete guide to heraldry*, T. C. & E. C. Jack, Londres, 1929, p. 499; Institut royal du Patrimoine artistique, Bruxelles, n° d'objet 20035087; D. Allard, *Nouveaux regards sur Léopold Ier & Léopold II. Fonds d'archives Goffinet*, Fondation roi Baudouin, Bruxelles, 1997, p. 12

[9] D. Schwennicke, *Europäische Stammtafeln*, Neue Folge, t. I. 1, Vittorio Klostermann, Francfort-sur-le-Main, 2005, tableau 164

[10] J. Franklyn, *An Encyclopaedic dictionary of heraldry*, Pergamon Press, Oxford, 1970, p. 285; D. Schwennicke, *op. cit.*, t. I. 1, tableau 29

[11] J. Kennedy, *Almanach de Gotha. Annual genealogical and diplomatic reference. Volume I (parts I & II)*, Almanach de Gotha, London, 2003, p. 332; A. Demandt, *Deutschlands Grenzen in der Geschichte*, C. H. Beck, Munich, 1991, p. 247-249

[12] H. de Vries, *Wapens van de Nederlanden*, Jan Mets, Amsterdam, 1995, p. 44

[13] *Wappenbuch der regierenden Monarchen Europas*, J. A Tyroff, Nuremberg, 1846, p. 8

[14] P. Janssens, L. Duerloo, *op. cit.*, t. A-E, p. 106; B. Peter: *Galerie: Photos schöner alter Wappen*, *op. cit.*

[15] R. Harmignies, *Héraldique de la Maison royale de Belgique*, *op. cit.*, p. 87, 89 ; I. de Stein d'Altenstein, *Armorial du royaume de Belgique*, Polack-Duvivier, Bruxelles, 1845, pl. II, IIbis

[16] P. Janssens, L. Duerloo, *op. cit.*, t. A-E, p. 106; R. Harmignies, *Héraldique de la Maison royale de Belgique*, *op. cit.*, p. 91-92 ; R. Harmignies, *Au musée de la dynastie. Un pannonceau aux premières armoiries du comte et de la comtesse de Flandre*, in: *Le Parchemin*, OGHB, Bruxelles, 1969, p. 362-364 ; É. Gevaert, *L'héraldique, son esprit, son langage et ses applications*, Vromant, Bruxelles, 1920, p. 206 ; R. Harmignies, *L'identité civile*, *op. cit.*, p. 611-612

[17] R. Harmignies, *L'identité civile*, *op. cit.*, p. 613

[18] P. Janssens, L. Duerloo, *op. cit.*, t. A-E, p. 106; B. Peter, *Galerie: Photos schöner alter Wappen*, *op. cit.* ; R. Harmignies, *Héraldique de la Maison royale de Belgique*, *op. cit.*, p. 92-94 ; R. Harmignies, *Le blason saxon*, *op. cit.*, p. 54

[19] P. Janssens, L. Duerloo, *op. cit.*, t. A-E, p. 107; H. Douxchamps, courrier du 06/01/2019 ; R. Harmignies, *Héraldique de la Maison royale de Belgique*, *op. cit.*, p. 95-96 ; R. Harmignies, *L'identité civile*, *op. cit.*, p. 616

[20] J. van Helmont, *Dictionnaire de Renesse. Lexique héraldique illustré*, chez l'auteur, Louvain, 1994, p. 116

[21] M. Gritzner, *Grundsätze der Wappenkunst verbunden mit einem Handbuch der heraldischen Terminologie*, Bauer et Raspe, Nuremberg, 1888, p. 49

[22] M. Gritzner, *Geschichte des sächsischen Wappens*, in: *Vierteljahresschrift für Wappen-, Siegel- und Familienkunde*, Berlin, 1902, p. 9; H. G. Ströhl, *Deutsche*

Wappenrolle, op. cit., p. 33; R. Harmignies, *Le blason saxon, op. cit.*, p. 53; J. van Helmont, *op. cit.*, p. 179

[23] A. L. J. Michelsen, *Über die Ehrenstücke und den Rautenkranz als historische Probleme der Heraldik. Programm der am 6. August 1854 zu haltenden Generalversammlung des Vereins für thüringische Geschichte und Alterthumskunde*, Friedrich Frommann, Iéna, 1854, p. 5

[24] H. de Bara, *Le blason des armoiries, auquel est montrée la manière de laquelle les anciens & modernes ont usé en icelles*, Barthelemi Vincent, Lyon, 1581, p. 213

[25] J.-B. Dupuy Demportes, *Traité historique et moral du blason*, t. premier, C. A. Jombert, Paris, 1754, p. 274

[26] J. G. Böhme, *De origine vera rutae Saxonicae liber singularis*, Jean Frédéric Gleditsch, Leipzig, 1756, p. 33 ff.

[27] T. Veyrin-Forrer, *Précis d'héraldique*, Larousse, Paris, 2004, p. 80

[28] H. Gourdon de Genouillac, *L'art héraldique*, Bibliothèque de l'enseignement des beaux-arts, Alcide Picard & Kaan, Paris, 1889, p. 143

[29] P.-B. Gheusi, *Le Blason. Théorie nouvelle de l'art héraldique. Traité complet de la science des armoiries d'après les règles et les figures du moyen âge, avec les dessins de l'auteur*, Maurice Darantière, Paris, 1933, p. 336

[30] D. Diderot, J.-B. le Rond d'Alembert, *Encyclopédie ou Dictionnaire raisonné des sciences, des arts et des métiers*, t. 4, Briasson/David/Le Breton/Durand, Paris, 1754, p. 430

[31] J. van Helmont, *op. cit.*, p. 116; M. T. Labarre de Raillicourt née Candela y Sapieha, *La clef du blason ou traité d'héraldique et vocabulaire. Essai*, chez l'auteur, Paris, 1966, p. 8, pl. 22 fig. 17

[32] L. A. Duhoux d'Argicourt, *Alphabet et figures de tous les termes du blason*, Paris, Joly, 1896, p. 34, pl. XVII, fig. 148 ; E. de Boos, *Dictionnaire du blason*, Le léopard d'or, Paris, 2001, p. 60, 240

[33] H. Douxchamps, courrier du 06/01/2019

[34] M. Gritzner, Grundsätze, *op. cit.*, p. 53, tableau VIII

[35] C. O. von Querfurth, *Kritisches Wörterbuch der heraldischen Terminologie mit 322 in den Text gedruckten Abbildungen*, chez l'auteur, Nördlingen, 1872, p. 109; R. Harmignies, *Le blason saxon, op. cit.*, p. 53; M. Gritzner, *Grundsätze, op. cit.*, p. 49

[36] P. Robert, *Dictionnaire alphabétique et analogique de la langue française. Les mots et les associations d'idées, six tomes et un supplément*, Société du nouveau Littré, Paris, 1966-1972, 6.096 p. ; A. Rey, *Dictionnaire historique de la langue française*, trois tomes, Le Robert, Paris, 2006, 4.304 p.

[37] H. Douxchamps, courrier du 06/01/2019

[38] J. & W. Grimm, *Deutsches Wörterbuch*, t. 11 k, dtv, Munich, 1984, col. 2060-2061

[39] P. Robert, *op. cit.*, t. 1 A - C, p. 1001-1002

[40] W. Leonhard, *Das große Buch der Wappenkunst. Entwicklung, Elemente, Bildmotive, Gestaltung*, Bechtermünz, Augsbourg, 2000, p. 250

[41] H. G. Ströhl, *Deutsche Wappenrolle, op. cit.* p. 33

[42] P. J. Spener, *Insignium theoria seu operis heraldici pars generalis*, Jean David Zunner, Francfort-sur-le-Main, 1690, p. 238 et tableau (*id*, 2ᵉ édition, Jean Frédéric Fleischer, Francfort-sur-le-Main, 1735, *ibid.*)

[43] J. & W. Grimm, *op. cit.*, t. 14 r – schiefe, col. 1559-1566

[44] P. Robert, *op. cit.*, t. 6 Rev – Z, p. 779-780

[45] F. J. M. Noël, *Dictionarium latino-gallicum. Dictionnaire latin-français, composé sur le plan de l'ouvrage intitulé Magnum totius latinitatis lexicon, de Forcellini*, Alexandre De Mat, Bruxelles, 1820, p. 646

[46] C. O. von Querfurth, *op. cit.*, p. 108; P. Robert, *op. cit.*, t. 6 Rev – Z, p. 91

[47] A. Rey, *Dictionnaire historique*, t. 3 Pr – Z, *op. cit.*, p. 3331 ; L. Fuchs, *Le nouvel herbier de 1543. Édition coloriée complète*, Taschen, Cologne, 2001, chap. CCXXXVI; H. G. Ströhl, *Deutsche Wappenrolle, op. cit.*, p. 33; E. Cobham Brewer, *The Wordsworth dictionary of phrase and fable*, Wordsworth reference, Wordsworth, Ware, 2001, p. 942

[48] H. F. Müller, *Das moderne Lexikon in zwanzig Bänden*, t. 15, Bertelsmann, Gütersloh, 1973, p. 254-255

[49] E. von Sacken, *Katechismus der Heraldik. Grundzüge der Wappenkunde*, J. J. Weber, Leipzig, 1862, p. 73; O. Neubecker, *Deutsch und Französisch für Heraldiker*, Battenberg, Munich, 1983, p. 82; B. Peter, *Besondere Motive: Rautenkranz*, in: http://www.welt-der-wappen.de/Heraldik/rautenkranz.htm (14/12/2018

[50] D. Schwennicke, *op. cit.*, t. I. 1, tableau 18; M. Scheuch, *Historischer Atlas Deutschland. Vom Frankenreich bis zur Wiedervereinigung*, Bechtermünz, Augsbourg, 2000, p. 30

[51] N. Viton de Saint-Allais, *Dictionnaire encyclopédique de la noblesse de France*, chez l'auteur, Paris, 1816, p. 219 ; C. O. von Querfurth, *op. cit.*, p. 108 ; F. C. J. de Hohenlohe-Waldenbourg-Schillingsfurst, *Der sächsische Rautenkranz. Heraldische Monographie*, Julius Weise, Stuttgart, 1863, p. 4; A. L. J. Michelsen, *op. cit.*, p. 31; J. G. Böhme, *op. cit.*, p. 11-13; G. P. Hönn, *Des chur- und fürstl. Hauses Sachsen Wappens- und Geschlechts-Untersuchung*, Paul Günther Pfotenhauer, Cobourg, 1704, p. 12; J. H. Knoop, *Vermakelyk wapen-kundig, geographisch, en historisch spel, betreffende de voornaamste heerschende staten in Europa*, D. Klippink, Amsterdam, 1768, p. 138; C. Le Laboureur, *Discours de l'origine des armes, et des termes receus & usités pour l'explication de la science héraldique*, Paris, 1684, p. 225-226; P. G. Witsen Geysbeek, *Algemeen noodwedig woordenboek der zamenleving*, 3ᵉ section, Diederichs frères, Amsterdam, 1847, p. 2225; B. G. Struve, *Dissertatio de ruta Saxonica ex historiis, et verbis fecialium enunciata*, Jean Christophe Krebs, Halle, 1705, p. 18-20; Anonyme, *Johan Hubners (...) beknopte vragen uit de staat-kundige historie tot*

79

op desen tyd vervolgt, t. 5, première partie, Dirk Haak, Leyde, 1723, p. 521; J. G. T. Grässe, *Geschlechts-, Namen- und Wappensagen des Adels deutscher Nation*, G. Schönfeld, Dresde, 1876, p. 179-180; K. P. Lepsius, *Kleine Schriften, Beiträge zur thüringisch-sächsischen Geschichte und deutschen Kunst und Alterthumskunde*, t. 3, Creutz, Magdebourg, 1855, p. 174; E. Brotuff, *Genealogia und Chronica des durchlauchten hochgebornen königlichen und fürstlichen Hauses der Fürsten zu Anhalt (...)*, Berwaldt, Leipzig, 1556, p. LXXVII v° - LXXIX r°

[52] K. P. Lepsius, *op. cit.*, t. 3, p. 169

[53] C. O. von Querfurth, *op. cit.*, p. 108; F. de Hohenlohe, *op. cit.*, p. 4; A. L. J. Michelsen, *op. cit.*, p. 31; J. G. Böhme, *op. cit.*, p. 13; B. G. Struve, *op. cit.*, p. 21; J. G. T. Grässe, *op. cit.*, p. 180

[54] A. L. J. Michelsen, *op. cit.*, p. 36-39; O. Posse, *Die Siegel der Wettiner von 1324-1486 und der Herzöge von Sachsen-Wittenberg und Kurfürsten von Sachsen aus askanischem Geschlecht nebst einer Abhandlung über Heraldik und Sphragistik der Wettiner*, IIe partie, Giesecke & Devrient, Leipzig, 1893, p. 25; J. G. T. Grässe, *op. cit.*, p. 180 **

[55] J. G. Böhme, *op. cit.*, p. 19-20

[56] J. G. Böhme, *op. cit.*, p. 21-23

[57] J.-B. Rietstap, *Armorial général précédé d'un dictionnaire des termes du blason*, t. II, G. B. Van Goor zonen, Gouda, 1887, p. 574 ; A. L. J. Michelsen, *op. cit.*, p. 31-32 ; J. G. Böhme, *op. cit.*, p. 14-15 ; C. Le Laboureur, *op. cit.*, p. 226 ; B. G. Struve, *op. cit.*, p. 26-27 ; M. Gritzner, *Geschichte, op. cit.*, p. 9 ; G. Oswald, *Lexikon der Heraldik. Von Apfelkreuz bis Zwillingsbalken*, Battenberg, Regenstauf, 2006, p. 433; J.-B. Cahours d'Aspry, *Du blason des chevaliers aux marques de fabrique. Petite histoire de l'art héraldique*, Atlantica, Biarritz, 2002, p. 108 ; L. Biewer, *Wappen. Handbuch der Heraldik*, Böhlau, Cologne, 2017, p. 171-173

[58] E. Cobham Brewer, *op. cit.*, p. 658-659

[59] J. Kennedy, *op. cit.*, p. 21-23

[60] D. Schwennicke, *op. cit.*, t. I. 2., tableau 182

[61] O. von Heinemann, *Albrecht der Bär. Eine quellenmäßige Darstellung seines Lebens*, Gustav Georg Lange, Darmstadt, 1864, *passim*

[62] H. Douxchamps, *Les quarante familles belges les plus anciennes subsistantes. Prolongements 1997-1999*, in: Le Parchemin, n° 324, OGHB, Bruxelles, 1999, p. 440

[63] H. F. Müller, *op. cit.*, t. 1, p. 306

[64] J. Schmidt, *Dictionnaire de la mythologie grecque et romaine*, Les dictionnaires de l'homme du XXe siècle, Larousse, Paris, 1979, p. 50, 109

[65] H. F. Müller, *op. cit.*, t. 17, p. 16

[66] G. Köbler, *Historisches Lexikon der deutschen Länder. Die deutschen Territorien vom Mittelalter bis zur Gegenwart*, C. H. Beck, Munich, 2007, p. 28

[67] H. F. Müller, *op. cit.*, t. 2, p. 11

[68] R. Theuring, *Aschersleben damals*, 2ᵉ édition, BoD, Norderstedt, 2015, p. 19

[69] M. Hecht, *Die Erfindung der Askanier. Dynastische Erinnerungsstiftung der Fürsten von Anhalt an der Wende vom Mittelalter zur Neuzeit*, in: *Zeitschrift für Historische Forschung*, vol. 33, n° 1, Duncker & Humblot Berlin, 2006, p. 26; R. Theuring, *op. cit.*, p. 27; H. Douxchamps, courrier du 06/01/2019; H. F. Müller, *op. cit.*, t. 2, p. 28

[70] É. Mension-Rigau, *Enquête sur la noblesse. La permanence aristocratique*, Perrin, Paris, 2019, p. 62

[71] M. Hecht, *Die Erfindung der Askanier, op. cit.*, p. 27

[72] Anonyme, Johan Hubners, *op. cit.*, 1723, p. 4

[73] H. J. Domsta, *Geschichte der Fürsten von Merode im Mittelalter*, t. II, in: *Beiträge zur Geschichte des Dürener Landes*, t. 16, Cercle historique, Duren, 1981, p. 598

[74] F. M. J. Müllender, *Die Wappen des Reuländer Urbars. Eine heraldisch-genealogische Betrachtung*, BoD, Norderstedt, 2011, p. 35-36

[75] L. Duerloo, *The Utility of an Empty Title. The Habsburgs as Dukes of Burgundy*, in: *Dutch Crossing. Journal of Low Countries Studies*, volume 43:1, Routledge Custom Publishing, s. l., 2019, d'après M. Tanner, *The Last Descendant of Aeneas. The Hapsburgs and the Mythic Image of the Emperor*, Yale University Press, London, 1993

[76] B. G. Struve, *op. cit.*, p. 25

[77] M. Hecht, *Die Kraft der Vergangenheit. Historiographie und dynastische Erinnerung der Askanier im 18. Jahrhundert*, in: H. Zaunstöck (éd.): *Das Leben des Fürsten. Studien zur Biografie von Leopold III. Friedrich Franz von Anhalt-Dessau (1740-1817)*, Mitteldeutscher Verlag, Halle-sur-la-Saale, 2008, p. 197-198, trad. de l'auteur ; cf. G. Oswald, *op. cit.*, p. 433; M. Hecht, *Anhalt und die Dynastie der Askanier in der Frühen Neuzeit*, in: *Mitteilungen des Vereins für Anhaltische Landeskunde*, t. 21 Tagungsband. Auf dem Weg zu einer Geschichte Anhalts, Stadtarchiv Dessau-Roßlau, Köthen, 2012, p. 94; M. Hecht, *Hofordnungen, Wappen und Geschichtsschreibung*, in: *Die Fürsten von Anhalt*, Studien zur Landesgeschichte, t. 9, Mitteldeutscher Verlag, Halle, 2009, p. 106

[78] M. Scheuch, *op. cit.*, p. 22-25

[79] J. Louda, M. Maclagan, *Les dynasties d'Europe. Héraldique et généalogie des familles impériales et royales*, Bordas, Paris, 1993, p. 199

[80] D. E. Khan, *Die deutschen Staatsgrenzen. Rechtshistorische Grundlagen und offene Rechtsfragen*, Jus publicum, Mohr Siebeck, Tubingue, 2004, p. 285-286

[81] D. Hoch, *Wappen in Deutschland. Über 400 Wappen. Alle Bundesländer, alle Landkreise und alle kreisfreien Städte. Mit Lexikon zur Heraldik*, Merian kompass, Gräfe und Unzer, Munich, 2003, p. 106

[82] M. Gritzner, *Geschichte, op. cit.*, p. 11

[83] A. L. J. Michelsen, *op. cit.*, p. 28; H. F. Müller, *op. cit.*, t. 18, p. 401

[84] G. Oswald, *op. cit.*, p. 53-54 ; J. G. T. Grässe, *op. cit.*, p. 5 ; D. Hoch, *op. cit.*, p. 106 ; M. Hecht, *Hofordnungen*, *op. cit.*, p. 112 ; H. G. Ströhl, *Deutsche Wappenrolle*, *op. cit.*, p. 55-57 ; R. Theuring, *op. cit.*, p. 24-25 ; E. Brotuff, *op. cit.*, p. II v - IIII r

[85] M. Scheuch, *op. cit.*, p. 207

[86] O. von Heinemann, *Codex diplomaticus Anhaltinus*, Ire partie 936-1212, Ire section 936-1123, A. Desbarats, Dessau, 1867, p. 154 ff.

[87] O. von Heinemann, *Albrecht der Bär*, *op. cit.*, *passim*

[88] H. F. Müller, *op. cit.*, t. 1, p. 320

[89] M. Hecht; J. Brademann, *Die Askanier und ihr Land*, in: *Anhalt in alten Ansichten*, Mitteldeutscher Verlag, Halle, 2006, p. 13 ff.

[90] G. P. Hönn, *op. cit.*, p. XXX

[91] A. L. J. Michelsen, *op. cit.*, p. 35

[92] O. von Heinemann, *Codex diplomaticus Anhaltinus*, IIe partie 1212-1300, Émile Barth, Dessau, 1875, tableau I ; H. G. Ströhl, *Deutsche Wappenrolle*, *op. cit.*, p. 33; M. Popoff, *Le rôle d'armes de Zurich*, Le léopard d'or, Paris, 2015, p. 56; O. Posse, *op. cit.*, p. 20; F. de Hohenlohe, *op. cit.*, p. 1; J.-B. Rietstap, *op. cit.*, t. I, p. 52; B. G. Struve, *op. cit.*, p. 32, 38; M. Hecht, *Landesherrschaft im Spiegel der Heraldik, das große Wappen des Fürstentums Anhalt in der frühen Neuzeit*, in: *Sachsen und Anhalt*, t. 22, Böhlau, Weimar-Vienne, 2000, p. 270; M. Gritzner, *Geschichte*, *op. cit.*, p. 7 ff.

[93] J. Kennedy, *op. cit.*, p. 21-23; H. F. Müller, *op. cit.*, t. 2, p. 28; W. von Hueck, *Adelslexikon*, t. I A-Bon, C. A. Starke, Limbourg, 1972, p. 91-92; *Album amicorum Cornelis Valck*, 1643, p. 1 f° 2v, Bibliothèque royale, n° 131 H 32

[94] A. L. J. Michelsen, *op. cit.*, p. 35; O. Posse, *op. cit.*, p. 20; G. P. Hönn, *op. cit.*, p. 13

[95] H. F. Müller, *op. cit.*, t. 2, p. 28; F. Haarmann, *op. cit.*, p. 7; D. Schwennicke, *op. cit.*, t. I. 2., tableau 196

[96] A. L. J. Michelsen, *op. cit.*, p. 15

[97] F. de Hohenlohe, *op. cit.*, p. 2, tableau II; G. Oswald, *op. cit.*, p. 324

[98] https://digi.ub.uni-heidelberg.de/diglit/cpg164 (28/04/2020); H. G. Ströhl, *Deutsche Wappenrolle*, *op. cit.*, p. 33; O. Posse, *op. cit.*, colonne 10, ill.

[99] F. de Hohenlohe, *op. cit.*, p. 3

[100] A. L. J. Michelsen, *op. cit.*, p. 15; G. P. Hönn, *op. cit.*, p. 11-12

[101] Bibliothèque digitale d'Oldenbourg, CIM I 410 ; O. Posse, *op. cit.*, tableau XXXIII, n° 4

[102] M. Popoff, *Le rôle d'armes de Zurich*, *op. cit.*, p. 56

[103] F. de Hohenlohe, *op. cit.*, p. 3 ; A. L. J. Michelsen, *op. cit.*, p. 15

[104] M. Popoff, *Armorial de Gelre (Bibliothèque royale de Belgique - Ms 15652-15656)*, Le léopard d'or, Paris, 2012, p. 161-162, 624 ; C. Van den Bergen-Pantens, *Gelre B. R. Ms. 15652-56*, Jan van Helmont, Louvain, 1992, p. 100 ; D. Schwennicke, *op. cit.*, t. I. 2., tableau 186

[105] D. Schwennicke, *op. cit.*, t. I. 1, tableau 153; H. G. Ströhl, *Deutsche Wappenrolle*, *op. cit.*, p. 33 ; K. P. Lepsius, *op. cit.*, t. 3, p. 169, 175

[106] H. G. Ströhl, *Deutsche Wappenrolle*, *op. cit.*, p. 35

[107] J. Louda, M. Maclagan, *op. cit.*, p. 199 ; G. P. Hönn, *op. cit.*, p. 15-16; H. Douxchamps, *Les quarante familles belges les plus anciennes subsistantes. Belgique*, in: *Le Parchemin*, n° 312, OGHB, Bruxelles, 1997, p. 402, 409 ; R. Harmignies, *Héraldique de la Maison royale de Belgique*, *op. cit.*, p. 82 ; R. Harmignies, *Le blason saxon*, *op. cit.*, p. 53 ; H. F. Müller, *op. cit.*, t. 20, p. 169-170 ; F. Haarmann, *op. cit.*, p. 7 ; K. Blaschke, *Siegel und Wappen in Sachsen*, Koehler & Amelang, Leipzig, 1960, p. 13

[108] G. Oswald, *op. cit.*, p. 324; *Monatsblatt des heraldisch-genealogischen Vereines „Adler"*, n° 8, Vienne, août 1881, p. 29-31

[109] R. A. Levinson, *The early dated coins of Europe 1234-1500*, Coin & Currency Institute, Williston, 2007, p. 49

[110] M. Pastoureau, M. Popoff, *Grand armorial équestre de la Toison d'or. Volume d'introduction, d'étude et d'édition*, Éditions du Gui, Saint-Jorioz, 2001, p. 88

[111] M. Popoff, *Édition critique de l'armorial de Conrad Grünenberg (1483)*, Orsini de Marzo, Milan, 2011, p. 18, 97

[112] J. Lautte, *Le jardin d'armoiries contenant les armes de plusieurs nobles royaumes & maisons de Germanie inférieure*, Bibliotheca heraldica genealogica antiqua et rara, Orsini de Marzo, Milan, 2011, p. CIIII v°

[113] B. Peter, *Besondere Motive: Rautenkranz*, *op. cit.*; K. Blaschke, *op. cit.*, p. 12-13

[114] É. Gevaert, *Héraldique des provinces belges*, Vromant, Bruxelles, 1921, p. 39-40 ; H. de Vries, *op. cit.*, p. 80-87

[115] É. Gevaert, *Héraldique des provinces belges*, *op. cit.*, p. 42; *Armoiries communales en Belgique. Communes wallonnes, bruxelloises et germanophones*, t. I. Communes wallonnes A-L, Dexia, Bruxelles, 2002, p. 75

[116] D. Schwennicke, *op. cit.*, t. XVIII, tableau 3; F. M. J. Müllender, *De leone Limburgo*, chez l'auteur, Eupen, 2001, p. 167

[117] D. Schwennicke, *op. cit.*, t. XVIII, tableau 2

[118] H. Gérard; H. Vivier, *Princes en Belgique*, Versant sud, Louvain-la-Neuve, 2003, p. 95 ; P. Janssens, L. Duerloo, *op. cit.*, t. N-Z, p. 678 ; W. von Hueck, *op. cit.*, t. XV Tre-Wee, 2004, p. 158-159

[119] J. S. F. J. L. de Herckenrode, *Nobiliaire des Pays-Bas et du comté de Bourgogne*, t. 3, F. et E. Gyselynck, Gand, 1868, p. 1226-1227 ; P. Janssens, L. Duerloo, *op. cit.*, t. A-E, p. 150 ; H. Gérard; H. Vivier, *op. cit.*, p. 78 ; D. Schwennicke, *op. cit.*, t. XVIII, tableau 100

[120] H. Brouwer, *Heren en graven van Culemborg. Het wapen van de heerlijkheid en de stad Culemborg*, in: *Blazoen, kwartaalblad voor heraldiek en zegelkunde*, 5e année, n° 2, Brunssum, 2019, p. 48-60

[121] M. Gritzner, *Grundsätze*, *op. cit.*, p. 45

[122] L. Bouly de Lesdain, *Les variantes dans les armoiries, Annuaire du conseil héraldique de France*, Saint-Amand, 1897, p. 20 ; O. T. von Hefner, *Handbuch der theoretischen und praktischen Heraldik unter steter Bezugnahme auf die übrigen historischen Hilfswissenschaften. Erster Theil. Theoretische Heraldik in XVII Kapiteln*, Heraldisches Institut, Munich, 1861, p. 61-62; O. Posse, *op. cit.*, p. 26; R. von Retberg, *Die Geschichte der deutschen Wappenbilder*, Wilhelm Rommel, Francfort-sur-le-Main, 1888, p. 85; F. de Hohenlohe, *op. cit.*, p. 3

[123] B. G. Struve, *op. cit.*, p. 28; J. G. Böhme, *op. cit.*, p. 16

[124] B. G. Struve, *op. cit.*, p. 29; J. G. Böhme, *op. cit.*, p. 16; G. P. Hönn, *op. cit.*, p. 11-12

[125] B. G. Struve, *op. cit.*, p. 31 ; J. G. Böhme, *op. cit.*, p. 17-18 ; O. Posse, *op. cit.*, p. 25

[126] B. G. Struve, *op. cit.*, p. 32; M. Gritzner, *Grundsätze, op. cit.*, p. 49, 187; J. van Helmont, *op. cit.*, p. 58 ; R. Harmignies, *Héraldique de la Maison royale de Belgique, op. cit.*, p. 82 ; É. Gevaert, *L'héraldique, op. cit.*, p. 202-203 ; J.-T. de Raadt, *Sceaux armoriés des Pays-Bas et des pays avoisinants (Belgique-Royaume des Pays-Bas-Luxembourg-Allemagne-France). Recueil historique et héraldique*, t. I, Société belge de librairie, Bruxelles, 1897, p. 70-71 ; M. Gritzner, *Geschichte, op. cit.*, p. 9-10 ; H. G. Ströhl, *Heraldischer Atlas. Eine Sammlung von heraldischen Musterblättern für Künstler, Gewerbetreibende, sowie für Freunde der Wappenkunde*, Julius Hoffmann, Stuttgart, 1899, chap. XVII; C. O. von Querfurth, *op. cit.*, p. 109; F. de Hohenlohe, *op. cit.*, p. 3

[127] *Armoiries communales en Belgique, op. cit.*, p. 80-81 ; B. G. Struve, *op. cit.*, p. 33 ; É. Gevaert, *Héraldique des provinces belges, op. cit.*, p. 48-51; C. & J. Douxchamps, *Nos dynastes médiévaux*, chez l'auteur, Wépion, 1996, p. 41-43

[128] H. Andreae, *Kleine Stilgeschichte*, Handwerk und Technik, Hamburg, 1975, *passim;* R. Broby-Johansen, *Kunst- und Stilfibel*, Keysers Nachschlagewerke, Keyser, Munich, 1965, *passim*

[129] W. Leonhard, *op. cit.*, p. 83-111, 114-115

[130] W. Leonhard, *op. cit.*, p. 135; J. van Helmont, *op. cit.*, p. 145-146; J.-B. Rietstap, *op. cit.*, t. I, p. XX, pl. 7, p. XXXIX; T. Veyrin-Forrer, *op. cit.*, p. 22

[131] J. van Helmont, *op. cit.*, p. 145

[132] B. Peter, *Besondere Motive: Rautenkranz, op. cit.*

[133] B. G. Struve, *op. cit.*, p. 31; M. Gritzner, *Grundsätze, op. cit.*, p. 49

[134] L. Bouly de Lesdain, *op. cit.*, p. 40; T. de Renesse, *Dictionnaire des figures héraldiques*, t. V, Société belge de librairie, Bruxelles, 1900, p. 535

[135] L. Duerloo, *Transcending the frontiers of reality: the significance of heraldic legends*, in: *Genealogica & heraldica. Actes du 22e congrès international des sciences généalogique et héraldique à Ottawa 18-23 août 1996*, presses de l'université d'Ottawa, Ottawa, 1998, p. 349-356

[136] L. Biewer, *op. cit.*, p. 74; J. Hübner, *De nieuwe, vermeerderde en verbeterde kouranten-tolk, of zakelyk, historisch en staatskundig woordenboek*, 2e édition,

Martin de Bruyn, Amsterdam, s. d., p. 1258; J.-B. Rietstap, *op. cit.*, t. I, p. XVIII ; C. Pama, *Heraldiek en genealogie. Een encyclopedisch vademecum*, Prisma, Utrecht, 1969, p. 268; P. De Win, *Lettres patentes de noblesse octroyées par S. M. Albert II, Roi des Belges 2001-2008*, Lannoo, Tielt, 2010, *verbo* Didisheim
[137] *Almanach de Gotha, op. cit.*, 1901, p. 567-577; W. von Hueck, *op. cit.*, t. XII Rol-Schm, 2001, p. 160-165
[138] H. G. Ströhl, *Deutsche Wappenrolle, op. cit.*, p. 32, 47, 48, 50, 52, 17
[139] H. G. Ströhl, *Deutsche Wappenrolle, op. cit.*, p. 55-57
[140] O. Hupp, *Deutsche Ortswappen*, 4 tomes, Kaffee HAG, Brême, 1938, *passim*
[141] D. Hoch, *op. cit.*, p. 20, 97, 105, 107, 116-117, 119-120
[142] D. Schwennicke, *op. cit.*, t. I. 2, tableau 199 D; C. S. T. Bernd, *Die Hauptstücke der Wappenwissenschaft*, 2e section, Edouard Weber, Bonn, 1849, p. 226, tableau 6
[143] D. Schwennicke, *op. cit.*, t. I. 2, tableau 199 E; E. H. Kneschke, *Neues allgemeines deutsches Adels-Lexicon*, t. 7, Frédéric Voigt, Leipzig, 1867, p. 369
[144] D. Schwennicke, *op. cit.*, t. I. 2, tableau 199 F
[145] D. Schwennicke, *op. cit.*, t. I. 2, tableaux 197-198; http://www.angelfire.com/realm/gotha/gotha/asc3.html (26/11/2019)
[146] *Armoiries communales en Belgique, op. cit.*, p. 506
[147] Institut royal du Patrimoine artistique, Bruxelles, n° d'objet 10109553
[148] Institut royal du Patrimoine artistique, Bruxelles, n° d'objet 10130719
[149] F. Marchesani, *Sur les traces des anciens 'pays' de Wallonie*, Institut du patrimoine wallon, Namur, 2013, p. 71-72
[150] L. Struye, *Chronique de la Belgique*, Chronique, Saive, 1987, p. 207
[151] D. Schwennicke, *op. cit.*, t. I. 1, tableau 11; K. P. Lepsius, *op. cit.*, t. 3, p. 167
[152] H. Silvestre, *Éracle*, in: *Biographie nationale*, 44e et dernier tome, dernier supplément, t. XVI (fascicule 2), Émile Bruylant, Bruxelles, 1986, col. 452 ; Communication du prof. J.-L. Kupper (ULg), 09/12/2018 ; J.-L. Kupper, *Liège et l'église impériale XIe-XIIe siècles*, Bibliothèque de la faculté de philosophie et lettres de l'université de Liège, fascicule CCXXVIII, Les belles lettres, Paris, 1981, p. 115
[153] D. Schwennicke, *op. cit.*, t. I. 1, tableau 10
[154] H. Silvestre, *Éracle*, in: *Biographie nationale*, 44e et dernier tome, dernier supplément, t. XVI (fascicule 1-2), Émile Bruylant, Bruxelles, 1985-1986, col. 446-459 ; H. Pirenne, *Histoire de Belgique*, t. I, La renaissance du livre, Bruxelles, 1952, p. 50-57 ; A. Legner, *Rhein und Maas. Kunst und Kultur 800-1400*, t. 1, Rudolf Müller, Cologne, 1972, p. 25
[155] J.-P. Huyts, *Basilique Saint-Martin Liège. Visite guidée*, Unité pastorale Saint-Martin, Liège, 2015, p. 3, 10 ; Chanoine C. Haaken, *Le mausolée d'Éracle*, in: *Le vieux Liège*, t. 3, bulletin 65, Le vieux Liège, Liège, 1940, p. 60-62
[156] D. Schwennicke, *op. cit.*, t. I. 1, tableau 6

[157] N. Viton de Saint-Allais, *L'art de vérifier les dates des faits historiques, des chartes, des chroniques (...)*, Valade, Paris, 1819, p. 175-176

[158] L. Struye, *Chronique de la Belgique*, Chronique, Saive, 1987, p. 170

[159] D. Schwennicke, *op. cit.*, t. I. 1, tableau 10

[160] R. Van Belle, *Corpus laminae. Belgische koperen graf- en gedenkplaten 1143-1925. Catalogus*, Van de Wiele, Bruges, 2017, p. 702-703, fig. 963-967

[161] T. van der Laars, *Wapens, vlaggen en zegels van Nederland. Geschiedkundige bijdragen omtrent wapens van Nederland en zijne provinciën, van het koninklijk huis, enz.*, Koffie HAG, Amsterdam, 1930, p. 130-133; J. Louda, M. Maclagan, *op. cit.*, p. 72, 200; D. Schwennicke, *op. cit.*, t. I. 1, tableau 73

[162] J.-C. Loutsch, *Armorial du pays de Luxembourg contenant la description des armes des princes de la maison de Luxembourg, de tous les souverains d'autres maisons ayant régné sur ce pays, (...)*, Ministère des arts et des sciences, Luxembourg, 1974, p. 104-105

[163] J.-C. Loutsch, *op. cit.*, p. 105-106

[164] A. Decaux, *Dictionnaire d'histoire de France Perrin*, Librairie académique Perrin, Paris, 1981, p. 932

[165] J. Louda; M. Maclagan, *op. cit.*, tableau 102, p. 204

[166] W. von Hueck, *op. cit.*, t. XII Rol-Schm, 2001, p. 280; J.-B. Rietstap, *op. cit.*, t. II, p. 679 ; V. Rolland, *Illustrations to the Armorial général by J.-B. Rietstap*, t. V & VI P-Z, Heraldry today, Ramsbury, 1991, tableau CCXLVIII ; F. de Hohenlohe, *op. cit.*, p. 22 ; O. T. von Hefner, *op. cit.*, p. 141-142

[167] R. Harmignies, *Histoire du drapeau du Congo. De l'état indépendant à la république démocratique*, in: *Recueil du IIe congrès international de vexillologie Zurich 1967*, Société suisse de vexillologie, Zurich, 1968, p. 47-52

[168] B. de Jonghe, V. Tourneur, *Numismatique du Congo*, in: *Revue belge de numismatique et de sigillographie*, Palais des Académies, Bruxelles, 1923, p. 139 ; R. Harmignies, *Les emblèmes de l'Afrique belge*, in: *Belgique d'Outremer*, n° 285, Bruxelles, 1958, p. 787-795

[169] D. Vanoverbeek, *Le franc belge 1832-2002*, 2e partie : diverses monnaies d'État belges, Monnaie royale, Bruxelles, 2006, p. C1-C4

[170] Anonyme, *La représentation correcte du blason congolais*, in: *Archivum heraldicum. Internationales Bulletin*, bulletin 2-3, Société suisse d'héraldique, Lausanne, 1956, p. 42 ; R. Harmignies, *Le blason saxon*, *op. cit.*, p. 54 ; Anonyme: *Les armoiries du Congo*, in: *Le Parchemin*, n° 59, OGHB, Bruxelles, 1960, p. 57-58

[171] R. Harmignies, *Les emblèmes*, *op. cit.*, p. 794-795 ; A. L'Hoist, *De la toison d'or à l'ordre de Léopold II*, Association s. b. l. de l'ordre de Léopold II, Bruxelles, 1939, p. 87

[172] *Almanach de Gotha*, *op. cit.*, 1879, p. 23-24, 75-76; H. F. Müller, *op. cit.*, t. 14, p. 215; H. F. Müller, *op. cit.*, t. 3, p. 197-201 ; J. Kennedy, *op. cit.*, p. 113 ff.

[173] F. Haarmann, *op. cit.*, p. 22-23; J. Kennedy, *op. cit.*, p. 277 ff.

[174] *Almanach de Gotha, op. cit.*, 1914, p. 18; C. F. V. Hoffmann, *De aarde, hare bewoners, en voortbrengselen. Een aardrijkkundig handboek*, t. 2, C. G. Sulpke, Amsterdam, 1837, p. 409; P. G. Witsen Geysbeek, *op. cit.*, p. 2225; H. G. Ströhl, *Deutsche Wappenrolle, op. cit.*, p. 32; M. Volpe, *Segni d'onore. Compendio degli ordini cavallereschi e delle onorificenze d'Italia, d'Europa e del resto del mondo*, t. 1 Italia e paesi europei, Eurografica, Rome, 2004, p. 301; J. Franklyn, *op. cit.*, p. 285-286

[175] P. Janssens, L. Duerloo, *op. cit.*, t. A-E, p. 693; *EPN*, 1987, p. 344 ; P. de Bounam de Ryckholt, *Lettres de noblesse octroyées par Sa Majesté Baudouin roi des Belges*, Heraldica belgica, Bruxelles, 1991, p. 88; R. Harmignies, *Les armoiries des officiers belges anoblis. Étude statistique*, in: *Le Parchemin*, n° 301, OGHB, Bruxelles, 1996, p. 31

[176] P. Janssens, L. Duerloo, *op. cit.*, t. A-E, p. 693; *EPN*, 1987, p. 344-345; P. de Bounam de Ryckholt, *op. cit.*, p. 88

[177] P. De Win, *Lettres patentes de noblesse octroyées par S. M. Albert II, Roi des Belges*, Lannoo, Tielt, 2001, p. 110

[178] P. De Win, *Lettres patentes de noblesse octroyées par S. M. Albert II, Roi des Belges 2001-2008*, Lannoo, Tielt, 2010, p. s. n°

[179] F. Debrabandere, *Woordenboek van de familienamen in België en Noord-Frankrijk. Grondig herziene en vermeerderde uitgave*, L. J. Veen, Amsterdam, 2003, p. 381

[180] P. Mesure, question n° 5415, in: *Le Parchemin*, n° 353, OGHB, Bruxelles, 2004, p. 396

[181] R. Harmignies, *Les armoiries des officiers belges anoblis. Étude statistique, op. cit.*, p. 28

[182] T. de Neuville, *Hommage à Gaspard Maigret de Priches*, in: *Le Parchemin*, n° 407, OGHB, Bruxelles, 2013, p. 450

[183] R. Harmignies, *Les armoiries des officiers belges anoblis. Étude statistique, op. cit.*, p. 26-27 ; O. Neubecker ; R. Harmignies, *Le grand livre de l'héraldique. L'histoire, l'art et la science du blason*, Elsevier Séquoia, Bruxelles, 1977 p. 96-97 ; J.-J. van Ormelingen, *De toekenning van het adellijk wapen*, in: *Le droit nobiliaire et le conseil héraldique (1844-1994)*, Larcier, Bruxelles, 1994, p. 156-157 ; R. Harmignies, *Les marques d'honneur dans les armoiries concédées par les Rois des Belges*, in: *Archivum heraldicum*, bulletin 2-3, Société suisse d'héraldique, Lausanne, 1966, p. 27-33 ; S. de Moffarts d'Houchenée, *L'écartelé, mode de rappel, dans les armoiries concédées, d'armoiries d'une autre famille*, in: *Le droit nobiliaire et le conseil héraldique (1844-1994), op. cit.*, p. 233

[184] J. C. Didisheim, courrier électronique du 06/09/2018 ; *EPN*, 2020, p.294-296

[185] Moniteur belge, 02/08/2007, p. 40.789

[186] F. Debrabandere, *Woordenboek van de familienamen in België en Noord-Frankrijk. Grondig herziene en vermeerderde uitgave*, L. J. Veen, Amsterdam, 2003, p. 1.083 ; J. & W. Grimm, *op. cit.*, t. 14 r – schiefe, col. 1.604

[187] https://www.sasdistilleries.com/ons-verhaal (30/12/2020)

[188] N. Davies, *Verschwundene Reiche. Die Geschichte des vergessenen Europa*, Konrad Theiss, Darmstadt, 2013, p. 450

[189] N. Davies, *op. cit.*, p. 444

[190] J. Louda, M. Maclagan, *op. cit.*, p. 238 ; de Neve, Roel, *Het Sachsenross*, in: *Blazoen*, 2ᵉ année, n° 1, Nederlands genootschap voor heraldiek, Berkel Enschot, 2016, p. 7-9, 13-14; G. P. Hönn, *op. cit.*, p. 16

[191] H. F. Müller, *op. cit.*, t. 20, p. 181-182; K. P. Lepsius, *op. cit.*, t. 3, p. 166, 176; J. G. Böhme, *op. cit.*, p. 3-4

[192] M. Popoff, *Armorial de Gelre, op. cit.*, p. 409; M. Popoff, *Édition critique, op. cit.*, p. 23 ; D. Stemmelen, *Scheibler'sches Wappenbuch. Édition française établie par Daniel Stemmelen*, Documents d'héraldique médiévale, t. 13, Le léopard d'or, Paris, 2018, p. 6

[193] H. de Bara, *op. cit.*, p. 213 ; J. Siebmacher, *Wappenbuch des heiligen römischen Reichs*, Bibliotheca heraldica genealogica antiqua et rara, Orsini de Marzo, Milan, 2006, p. 6 ; B. G. Struve, *op. cit.*, p. 23, 39-43, B. Peter, *Besondere Motive: Rautenkranz, op. cit.*

[194] J. A. Rudolphi, *Neu-vermehrte Heraldica curiosa, bestehend in zweyen Theilen*, Johann Leonhard Buggel, Francfort, 1718, p. 74 ; J. Louda; M. Maclagan, *op. cit.*, p. 241 ; G. Oswald, *op. cit.*, p. 324 ; J.-B. Rietstap, *op. cit.*, t. II, p. 679

[195] J.-B. Rietstap, *op. cit.*, t. II, p. 660 ; J.-C. Loutsch, *op. cit.*, p. 170 ; G. Graf Finck von Finckenstein, *Gothaisches genealogisches Handbuch*, t. 9 Gräfliche Häuser 2, Deutsches Adelsarchiv, Marburg, 2019, p. 354 ff. ; W. von Hueck, *op. cit.*, t. XII Rol-Schm, 2001, p. 209-210 ; B. G. Struve, *op. cit.*, p. 23, 43 ; G. P. Hönn, *op. cit.*, p. 16

[196] F. Hauptmann, *Zehn mittelrheinische Wappengruppen*, in: *Jahrbuch der k. k. Heraldischen Gesellschaft Adler*, t. 10, Der Adler, Vienne, 1900

[197] F. de Hohenlohe, *op. cit.*, p. 22-23

[198] B. G. Struve, *op. cit.*, p. 39; G. P. Hönn, *op. cit.*, p. 117; C. Le Laboureur, *op. cit.*, p. 226 ; J.-B. Rietstap, *op. cit.*, t. II, p. 169 ; E. H. Kneschke, *op. cit.*, t. 6, 1865, p. 160; C. S. T. Bernd, *op. cit.*, p. 226, tableau 6; F. de Hohenlohe, *op. cit.*, p. 22

[199] B. G. Struve, *op. cit.*, p. 34, 39 ; J. G. Böhme, *op. cit.*, p. 18; J. G. T. Grässe, *op. cit.*, p. 180; C. Le Laboureur, *op. cit.*, p. 226; P. J. Spener, *op. cit.*, p. 238 et tableau (*id*, 2ᵉ édition, *op. cit.*, *ibid.*); J. Siebmacher, *op. cit.*, p. 150; G. A. von Mülverstedt, *J. Siebmachers grosses und allgemeines Wappenbuch (...)*, 6ᵉ t., 6ᵉ section, Ausgestorbener Preussischer Adel, Bauer et Raspe, Nuremberg, 1884, p. 180, tableau 177; G. Oswald, *op. cit.*, p. 324; F. de Hohenlohe, *op. cit.*, p. 22; B. Peter, *Besondere Motive: Rautenkranz, op. cit.*

[200] D. Beattie, *Liechtenstein. Geschichte und Gegenwart*, van Eck, Triesen, 2015, p. 188-199

[201] J. Louda; M. Maclagan, *op. cit.*, p. 112 ; *Loi du 30 juin 1982 sur les armoiries, couleurs, sceaux et emblèmes le la principauté de Liechtenstein*, in: *Liechtensteinisches Landesgesetzblatt*, n° 58, 1982

[202] H.-P. Rheinberger, *Fürstentum Liechtenstein. Die schönsten Bilder und Briefmarken*, Alpenland, Schaan, 2012, p. 24; C. O. von Querfurth, *op. cit.*, p. 110; D. Beattie, *op. cit.*, p. 12-13; G. Oswald, *op. cit.*, p. 324; B. Peter, *Besondere Motive: Rautenkranz, op. cit.*

[203] M. Gevaert, *Atlas topographique Belgique*, Lannoo, Tielt, 2002, p. 196

[204] *Carte de cabinet des Pays-Bas autrichiens levée à l'initiative du comte de Ferraris*, Pro civitate, volume XI, Crédit communal de Belgique, Bruxelles, 1965, feuille Sougnée 193 (C[15]) (3) ; F. Marchesani, *op. cit.*, p. 21 ; J. Douxchamps, *Répertoire des seigneuries*, chez l'auteur, Wépion, 1992, p. 45 ; *Le château de Fanson*, in: *Le Parchemin*, n° 401, OGHB, Bruxelles, 2012, p. 434 ; E. De Seyn, *Dictionnaire historique et géographique des communes belges. Histoire - géographie - archéologie - topographie - hypsométrie - administration - industrie - commerce etc., etc. etc.*, t. II, A. Bieleveld, Bruxelles, 1934, p. 1445-1446

[205] J.-J. Jespers, *Dictionnaire des noms de lieux en Wallonie et à Bruxelles*, Racine, Bruxelles, 2005, p. 247 ; J.-J. Jespers, *Le nouveau dictionnaire des noms de lieux en Wallonie et à Bruxelles*, Racine, Bruxelles, 2011, p. 262 ; F. Debrabandere, *Woordenboek van de familienamen in België en Noord-Frankrijk. Grondig herziene en vermeerderde uitgave*, L. J. Veen, Amsterdam, 2003, p. 452

[206] J. Simonis, *Généalogie des Xhene(u)mont issus des Cockeal de Limbourg*, in: *Le Parchemin*, n° 347, OGHB, Bruxelles, 2003, p. 103, 345-346, 368 ; J. Herbillon, J. Germain, *Dictionnaire des noms de famille en Belgique romane et dans les régions limitrophes (Flandre, France du nord, Luxembourg)*, t. A-N, Crédit communal de Belgique, Bruxelles, 1996, p. 317

[207] E. de Bien, *Ancien droit nobiliaire liégeois. L'édit d'Ernest de Bavière du 19 avril 1600*, in: *Le Parchemin*, n° 183, OGHB, Bruxelles, 1976, p. 137 ; M. Belvaux, *La famille de Hannut dite de Bawegney et de Thiribu*, in: *Le Parchemin*, n° 376, OGHB, Bruxelles, 2008, p. 247 ; P. de Borman, *Hassonville*, in: *Le Parchemin*, n° 273, OGHB, Bruxelles, 1991, p. 156 ; J. de Hemricourt, *Miroir des nobles de Hasbaye composé en forme de chronicque*, Eugène Henry Fricx, Bruxelles, 1673, p. 29, 168, 174, 227, 263, 293, 307

[208] J. S. F. J. L.de Herckenrode, *op. cit.*, p. 1315 ; L. Abry, *Recueil héraldique des bourgemestres de la noble cité de Liège, où l'on voit la généalogie des évêques et princes, de la noblesse, & des principales familles de ce païs, avec leurs inscriptions et épitaphes*, Jean-Philippe Gramme, Liège, 1720, p. 247, 281, 224, 369, 370, 434 ; J.-C. Ophoven, *Continuation du recueil héraldique des seigneurs bourg-mestres de la noble cité de Liège, avec leurs généalogies, celles de nos*

évêques-et-princes, de nos souverains-officiers, S. Bourguignon, Liège, 1788 p. 48, 144-145

[209] Plouy, Jean, *La maison de Goër de Herve*, Archives verviétoises, t. VIII, Archives verviétoises asbl, Verviers, 1965, p. 399

[210] A. Mullenders, *Manuscrits Le Fort*, t. II, Scripta asbl, Liège, 1982, p. 30

[211] J.-T. de Raadt, *op. cit.*, p. 445

[212] A. Mullenders, *op. cit.*, t. II, p. 21 ; P. Hanquet, *Notes généalogiques sur les seigneurs de Bassines*, in: *Le Parchemin*, n°121-122, OGHB, Bruxelles, 1967, p. 222, 238 ; G. M. du Chesne, *La famille de Grandhan*, in: *Le Parchemin*, n° 257, OGHB, Bruxelles, 1988, p. 299

[213] B. d'Ursel, *Essai de généalogie de la famille de Forvie*, in: *Le Parchemin*, n°344, OGHB, Bruxelles, 2003, p. 103

[214] A. Mullenders, *op. cit.*, t. V, p. 365

[215] J.-T. de Raadt, *op. cit.*, p. 445

[216] A. Mullenders, *op. cit.*, t. II, , p. 21

[217] P. Bastin, *Une taque de foyer aux armes de Dom Nicolas de Fanson à Bomal*, in: *Terre de Durbuy. Histoire – archéologie – folklore*, n° 143, Cercle historique de Durbuy asbl, Wéris, 2018, p. 30-34

[218] T. de Jonghe d'Ardoye, J. Havenith, G. Dansaert, *Armorial belge du bibliophile*, t. I, Société des bibliophiles et iconophiles, Bruxelles, 1930, p. 217

[219] L. Gourdet, *op. cit.*, p. 120-121

[220] Institut royal du Patrimoine artistique, Bruxelles, n° d'objet 10148348

[221] Institut royal du Patrimoine artistique, Bruxelles, n° d'objet 10120119

[222] Institut royal du Patrimoine artistique, Bruxelles, n° d'objet 10066051

[223] C. Le Laboureur, *op. cit.*, p. 226 ; C. O. von Querfurth, *op. cit.*, p. 110 ; B. G. Struve, *op. cit.*, p. 34

[224] D. Breuls de Tiecken, *Le grand armorial liégeois des familles nobles, patriciennes et bourgeoises, anciennement établies au pays de Liège*, t. I. A-J, chez l'auteur, Bruxelles, 2008, p. 274 ; D. Breuls de Tiecken, *op. cit.*, t. III. 17.000 blasons, p. 83 ; J.-B. Rietstap, *op. cit.*, t. I, p. 648 ; J.-T. de Raadt, *op. cit.*, p. 445 ; J.-C. Loutsch, *op. cit.*, p. 352

[225] B. d'Ursel, *Les Dongelberg*, in: *Le Parchemin*, n°359, OGHB, Bruxelles, 2005, p. 367

[226] A. Mullenders, *op. cit.*, t. II, p. 44

[227] P. Farcy, *100 châteaux de Belgique connus et méconnus*, t. 4 Du 301ᵉ au 400ᵉ, Aparté, Bruxelles, 2005, p. 168

[228] *EPN*, 1968, p. 77-78

[229] *EPN*, 2019, p. 57 ; Moniteur Belge, 08/10/2010, p. 60.832 ; E. Brutsaert, *La province de Liège*, Histoire & patrimoine des communes de Belgique, Racine, Bruxelles, 2010, p. 191 ; *Le château de Fanson*, in: *Le Parchemin*, n° 401, OGHB, Bruxelles, 2012, p. 434 ; E. Lens, *Armorial du duché de Limbourg et des pays d'Outremeuse. Recueil de notices héraldiques et historiques*, chez l'auteur, Dison,

1947, p. 236 ; J. M. van de Venne, *Limburgsche wapens*, Van Aelst, Maestricht, 1925, p. 107 ; *EPN*, 1981, p. 121-122 ; P. Janssens, L. Duerloo, *op. cit.*, t. N-Z, p. 475-478 ; W. von Hueck, *op. cit.*, t. XIII Schn-Sta, 2002, p. 291

[230] J. Brose, *Dictionnaire des rues de Liège*, Vaillant-Carmanne, Liège, 1977, p. 62-63

[231] J.-B. Rietstap, *op. cit.*, t. I, p. XVIII ; V. Rolland, *op. cit.*, t. V & VI P-Z, pl. XCIII ; https://wiesel.lu/heraldik/lexikon/crancelin/ (14/12/2017) ; C. Pama, *op. cit.*, p. 268; B. F. Immink, *De regeerende magistraat der stad Breda*, in: T. E. van Goor, *Beschryving der stadt en lande van Breda*, J. vanden Kieboom, La Haye, 1744, p. 247; G. De Cretser, *Beschryvinge van 's Gravenhage, behelsende desselfs eerste opkomste, stichtinge en vermakelyke situatie (...)*, Jan ten Hoorn, Amsterdam, 1711, p. 83; A. J. van der Aa, *Biographisch woordenboek der Nederlanden*, t. XI, J. J. Van Brederode, Haarlem, 1876, p. 38

[232] O. Neubecker, *Johann Siebmachers Wappen-Buch. Supplemente 1753 bis 1806*, 6e supplément 1783, Battenberg, Munich, 1979, tableau 13 ; J.-B. Rietstap, *op. cit.*, t. II, p. 1150; F. de Hohenlohe, *op. cit.*, p. 22

[233] R. J. Meraviglia, *J. Siebmachers grosses und allgemeines Wappenbuch (...)*, 4e t., 9e section, Der Böhmische Adel, Bauer et Raspe, Nuremberg, 1886, p. 187, tableau 79; J. Schaller, *Topographie des Königreichs Böhmen*, t. 12 Klattauer Kreis, von Schönfeld, Prague et Vienne, 1790, p. 84; von Schönfeld, *Materialien zur diplomatischen Genealogie des Adels der österreichischen Monarchie*, t. premier, von Schönfeld, Prague, 1812, p. 365

[234] J.-B. Rietstap, *op. cit.*, t. II, p. 322; B. G. Struve, *op. cit.*, p. 43

[235] O. Neubecker, *Johann Siebmachers Wappen-Buch*, t. II (1703), *op. cit.*, pl. 96; C. S. T. Bernd, *op. cit.*, p. 226

[236] F. de Hohenlohe, *op. cit.*, p. 21-22

[237] J.-B. Dupuy Demportes, *op. cit.*, p. 274 ; F. de Hohenlohe, *op. cit.*, p. 22

[238] J.-B. Rietstap, *op. cit.*, t. I, p. 604-605 ; M. Gritzner, *Grundsätze*, *op. cit.*, p. 49; J. Siebmacher, *Wappenbuch*, *op. cit.*, p. 143

[239] W. von Hueck, *op. cit.*, t. III Dor-F, 1975, p. 121

[240] J.-B. Rietstap, *op. cit.*, t. I, p. 308; T. de Renesse, *Dictionnaire*, *op. cit.*, p. 565

[241] J.-B. Rietstap, *op. cit.*, t. II, p. 171 ; T. de Renesse, *Dictionnaire*, *op. cit.*, p. 565

[242] J.-B. Rietstap, *op. cit.*, t. I, p. 371 ; V. Rolland, *op. cit.*, t. I & II A-F, pl. XXIII ; B. G. Struve, *op. cit.*, p. 34-35; J. Kennedy, *Almanach de Gotha. Annual genealogical and diplomatic reference. Volume II (parts III families)*, Almanach de Gotha, Londres, 2001, p. 168-169 ; W. von Hueck, *op. cit.*, t. II Boo-Don, 1974, p. 239-240

[243] J.-B. Rietstap, *op. cit.*, t. II, p. 730 ; W. von Hueck, *op. cit.*, t. XIII Schn-Sta, 2002, p. 88-90 ; V. Rolland, *op. cit.*, t. V & VI P-Z, pl. CCLXXX